FACULTÉ DE DROIT DE TOULOUSE.

THÈSE

POUR LE

DOCTORAT

PAR

GEORGES MEAUME,

AVOCAT, LICENCIÉ ÈS-LETTRES.

PAU,

IMPRIMERIE ET LITHOGRAPHIE DE É. VIGNANCOUR.

1863.

FACULTÉ DE DROIT DE TOULOUSE.

DU DIVORCE
EN DROIT ROMAIN

HISTORIQUE
DE LA SÉPARATION DE CORPS.

DES CAUSES ET DES EFFETS
DE LA SÉPARATION DE CORPS
EN DROIT FRANÇAIS

THÈSE POUR LE DOCTORAT
PAR GEORGES MEAUME,

Avocat à la cour impériale de Nancy,
Licencié ès-lettres.

Le Candidat répondra en outre aux questions qui lui seront faites
sur les autres matières de l'enseignement.

PAU,
IMPRIMERIE ET LITHOGRAPHIE DE É. VIGNANCOUR.

1863.

A MON PÈRE,

A MON ONCLE, MONSIEUR PLOUGOULM.

DROIT ROMAIN.

DU DIVORCE.

Conjugia quibus mortalium sunt felicia
beata vita ; quibus autem non cadunt
bene, illi et intùs sunt et foris miseri.

Euripide, *Oreste.*

INTRODUCTION.

La loi mosaïque autorisait le divorce : « Si un homme, dit le Deutéronome, ayant reçu une épouse a vécu avec elle, et que celle-ci n'ait pas trouvé grâce devant ses yeux à cause de quelque défaut, il écrira le libelle de divorce et la renverra de sa maison (1). »

Le caprice du mari faisait la loi ; l'indissolubilité du mariage dépendait de son libre arbitre.

---

(1) Deutéronome, Ch. xxiv ; versets 1 et suiv.

L'antiquité païenne a presque toujours fait du divorce une conséquence, un corollaire du mariage. Les Romains appliquaient au contrat de mariage cette règle capitale qui domine toute leur théorie des contrats : *nihil est tam naturale quàm eo modo quidquid dissolvere quo colligatum est*. Les lois de Solon avaient établi le divorce à Athènes. Il existait au profit de l'un et de l'autre sexe, et s'appelait selon les cas, *renvoi* ou *délaissement* (1).

Plutarque a écrit dans la vie de Lycurgue que l'adultère était permis à Sparte.

Le père de la philosophie spiritualiste, Platon, qui passe pour un des précurseurs du christianisme, a émis sur le mariage des idées qui ne s'élèvent point au dessus de celles de son temps. Il admettait le divorce, comme tous les philosophes païens. Dans ses Lois, il demande que l'on fasse comparaître les époux devant une espèce de tribunal de conciliation, composé des décemvirs, gardiens des lois, et de dix matrones, préposées au mariage. Si l'on peut concilier les deux époux, qu'ils restent ensemble ; si on ne le peut, le divorce est prononcé (2). Dans sa République, Platon va plus loin encore. Chacun sait que l'union des sexes n'y est envisagée par lui que

---

(1) Plutarque, vie d'Alcibiade. — Samuel Petit, *ad leges atticas*, liv. VI, t. III.

(2) Platon ; *des Lois;* liv. XI.

sous l'unique point de vue de la beauté corporelle (1). Aussi n'est-il point étonnant que le divorce ait été aussi ancien chez les Grecs, et chez les Romains, leurs imitateurs, que le mariage lui-même.

Le mot *divortium* désignait, à Rome, la séparation légale des deux époux, faite en vue de dissoudre leur union, l'acte effectif de dissolution du mariage. Le *divortium* et le *repudium*, que, dans le langage habituel, on prend souvent l'un pour l'autre, ont, dans la langue du droit, une signification légèrement différente. Le mot *repudium* doit s'entendre strictement de la simple manifestation par l'un ou l'autre des époux de la volonté de rompre l'union existante, ou même de ne pas accomplir l'union projetée. On appelait aussi *repudium*, l'acte même qui contenait le divorce (2).

Nous aurons à examiner :

1° Qui peut demander le divorce,
2° Les causes du divorce,
3° Les formes du divorce,
4° Les effets du divorce.

---

(1) Platon ; *République ;* liv. v.
(2) Dig., liv. iv, tit. xvi ; lois 101 et 191, *De verborum signif.*

CHAPITRE Ier.

QUI POUVAIT DEMANDER LE DIVORCE.

L'âpreté de ces mœurs Romaines, qui faisaient de la mère des enfants la chose du mari, maître de tout ce qui vivait à côté de lui, la faiblesse naturelle de la femme, l'idée que nous avons de la famille Romaine, tout doit nous faire penser que le divorce fut d'abord un privilège exclusif réservé au mari et toujours refusé à la femme *in manu.* Il n'y aurait pas à hésiter si l'on s'en rapportait à un passage de Plutarque, dans la vie de Romulus : « Entre les lois que fit Romulus, dit le vieil historien, il y en a une qui paraît fort dure, c'est celle qui *en défendant aux femmes de quitter leurs maris, autorise les maris à répudier leurs femmes,* quand elles ont préparé du poison, qu'elles ont enlevé leurs enfants, se sont procuré de fausses clefs ou bien se sont rendues coupables d'adultère. Si un mari répudie sa femme pour toute autre cause, la loi ordonne que la moitié de son bien soit dévolue à la femme, l'autre moitié consacrée à Cérès, et qu'il soit lui-même dévoué aux dieux infernaux (1). » Ainsi le mari peut, dans les cas spécifiés, dissoudre le *matrimonium*, par un simple effet de sa volonté et sans encourir aucune peine. Il ne fait qu'user d'un droit que la loi lui confère. D'après ce même texte, le mari qui répudie sa femme, sans causes légales, encourt des peines sévères ; mais il n'en est pas moins vrai qu'il peut toujours la répudier, et que l'exécution des peines portées contre lui n'arrête pas la dissolution de l'union conjugale.

Nous sommes portés à croire que Plutarque n'a voulu parler que du cas où la femme est *in manu mariti*.

Cette interprétation a été exprimée en ces termes par Calvin (2) : « *Cavisse Romulum, si Plutarcho credimus, ne mulieri virum, in cujus manu mancipio que foret, relinquere fas esset.* » Pourquoi, en effet, lorsque la femme était *sui juris*, ou sous la *patria potestas*, c'est-à-dire indépendante de son mari, le droit de répudiation, fondé sur un principe de réciprocité, ne lui aurait-il pas appartenu ?

Montesquieu, croit que la faculté de divorcer, donnée à la femme, ne fut qu'une institution athénienne transportée à Rome, avec la loi des Douze

---

(1) Plutarque; vie de Romulus ; chap. xxix.

(2) Calvin; Lexique, *verbo divortium.*

Tables. « Comme la loi d'Athènes, dit le savant auteur de l'Esprit des lois, donnait à la femme, aussi bien qu'au mari, la faculté de répudier, et que l'on voit que les femmes obtinrent ce droit sur les premiers Romains, nonobstant la loi de Romulus, il est clair que cette institution fut une de celles que les députés de Rome rapportèrent d'Athènes, et qu'elle fut mise dans les lois des Douze Tables (1). » Quelle que soit l'autorité qui s'attache à l'opinion d'un grand esprit, nous croyons plutôt que la faculté du divorce naquit, pour la femme, quand les mœurs Romaines s'adoucirent, quand la *manus* tendit à disparaître, quand les maris Romains usèrent plus fréquemment de leur droit de répudiation. Le savant Heineccius a prétendu trouver dans Plaute les preuves que le divorce était encore le privilège du mari seul, même deux siècles et demi après la loi des Douze Tables.

Il cite à l'appui les vers suivants :

Si vir scortum duxit, clàm uxorem suam,
Id si rescivit uxor, impune'st viro;
Uxor si clàm viro egressa'st foras
Viro fit causa, exigitur matrimonio.
Utinam lex esset eadem (2) !

Il faut convenir que ce passage, et surtout l'exclamation finale, semblent bien indiquer qu'au temps

---

(1) Montesquieu, *Esprit des Lois*, liv. 16; ch. XVI.
(2) Plaute; *Mercator;* vers 796 et suiv.

de Plaute la loi n'était pas la même pour les deux
époux. Mais Plaute peut être combattu par Plaute
lui-même. Le passage suivant semble donner claire-
ment à la femme le droit de divorcer, *divortium
facere* :

Acrotéleutie, dans le *Miles Gloriosus*, confie à
Palestrion le stratagème qu'elle médite. Je lui dirai,
dit-elle,

Quasique istius causa amoris ex hoc matrimonio
Abierim, cupiens istius nuptiarum.

Et Palestrion reprend :

Hasce esse ædes dicas dotales tuas,
Hinc senem abs te abiisse postquam feceris divortium(1).

Un vers de l'Amphytrion vient encore contredire
l'opinion d'Heineccius :

Valeas, tibi habeas res tuas, redde meas (2).

Tel est le discours que tient Alcmène outragée, à
Jupiter Amphytrion. Ce vers est d'autant plus remarquable que le poète s'est servi précisément de
l'expression juridique : *res tuas tibi habeto.*

Quoi qu'il en soit, au temps de Gaïus, le droit
de la femme à envoyer le *repudium* était incontes-
table.

Si l'on ajoutait foi entière aux assertions de Denys

---

(1) Plaute ; *Miles gloriosus ;* vers 1154 et suiv.

(2) Plaute, *Amphytrion ;* vers 47 (acte III).

d'Halicarnasse (1), de Valère-Maxime (2) et d'Aulu-
Gelle (3), le premier exemple de répudiation aurait été donné à Rome par Carvilius Ruga, en l'an
520, suivant les deux premiers de ces auteurs, en
l'an 523, selon le dernier. Le motif était la stérilité
de l'épouse.

Nous n'avons qu'une médiocre confiance dans la
véracité d'une anecdote qui a dû être copiée sans
critique ni commentaire par Aulu-Gelle et Valère-
Maxime.

Le mari avait trop de puissance, et le droit devait
être souvent trop commode pour que les citoyens
Romains l'aient oublié si longtemps. En tout cas, si
Carvilius Ruga a été le premier, il n'est pas longtemps resté le seul. Les causes les plus futiles devinrent bientôt prétexte à l'envoi du libelle de divorce. Valère-Maxime (4) raconte que Sempronius
Sophus, préteur en 470, répudia sa femme parce
qu'elle avait été au spectacle à son insu. Peu d'années après, Sulpicius Gallus renvoya la sienne
pour s'être montrée en public la tête découverte;
Antistius Vetus, parce qu'elle avait parlé à une affranchie mal famée (5). Quand l'ère des proscrip-

---

(1) Denys d'Halicarnasse; livre 2.
(2) Valère-Maxime; livre 2, chap. IV.
(3) Aulu-Gelle; *Nuits Attiques*; liv. 4, chap. III.
(4) Valère-Maxime; liv. 6, chap. III, § 12.
(5) Valère-Maxime; liv. 6, chap. III, § 10 et suiv.

tions et des dictatures s'ouvrit sur la vieille cité de Romulus, le désordre des mœurs publiques redoubla celui des mœurs privées. Qui ne connaît, pour ne citer que de grands noms, les divorces célèbres de Sylla, de Pompée, de Cicéron, de Jules César ? Quand Octave prit la figure d'Auguste, et que le souverain maître de Rome tenta la régénération morale de la capitale, le divorce était une des plaies saignantes qui rongeaient la société Romaine. Auguste voulut corriger les mœurs par les lois ; mais ses lois matérialistes punirent, sans moraliser. Le mal s'accrut encore avec le despotisme, source de tous les maux. Tacite, Juvénal, Suétone, Sénèque, poètes et philosophes, nous le montrent dans toute sa triste nudité.

Dans l'ancien droit, le père, le chef de famille, avait le pouvoir exorbitant de dissoudre le mariage de son fils ou de sa fille en puissance, *malgré les conjoints*. Le vieux poète Afranius, dans une pièce intitulée *le Divorce*, et dont il ne reste malheureusement que quelques vers, apprécie ainsi ce pouvoir du père :

O dignum facinus ! adolescenteis optumas
Bene convenienteis cum viris
Repente viduas facit spurcities patris !

Ennius, met les plaintes suivantes dans la bouche d'une fille dont le père rompt le mariage :

Injuriâ abs te afficior indignâ, pater,
Nam si improbum Cresphontem existimaveras,

> Cur me huic locabas nuptiis ? sin est probum ,
> Cur talem invitum, invitam cogis linquere ?

La même situation se retrouve dans le *Stychus*
de Plaute. Trois personnages sont en scène ; Antiphon, le père ; Panégyris et Pinacie, ses deux filles.
Panégyris ne cherche pas à méconnaître le droit paternel ; elle parle ainsi :

> Neque est cur nunc studeam has nuptias mutarier ;
> Verum postremum in patris potestate est situm ;
> Faciendum id nobis , quod parentes imperant.

Antiphon répond :

Mihi auctores sunt amici, ut vos hinc abducam domum.

Et Panégyris réplique :

> At enim quarum res agatur, aliter auctores simus,
> Nam aut olim, nisi tibi placebant , non datas oportuit
> Aut nunc, non æquum est abduci, illisce absentibus (1).

On peut penser, en s'appuyant sur la réponse d'Antiphon, que le père était obligé de prendre l'avis d'un
conseil d'amis , au cas où il voulait rompre le mariage
de son fils ou de sa fille. Etait-ce une obligation ?
N'était-ce au contraire qu'un usage ? Il semble difficile de se prononcer avec certitude.

Le plus célèbre exemple de mariage rompu par la
volonté de l'ascendant sous la puissance duquel était
placé l'un des époux, est celui que donna Auguste

---

(1) Plaute; *Stychus*; vers 127 et suiv.

lui-même. On sait en effet qu'il envoya le *repudium*
à Tibère son gendre au nom de Julie. C'est à Cali-
gula que revient l'honneur d'avoir le plus osé. Il ne
craignait pas, pour satisfaire ses impériales passions,
d'éloigner les maris, et d'envoyer ensuite le *repudium*
à leurs femmes, au nom des absents dont il voulait
la place.

Ne pouvant envoyer le *repudium* de son chef, la
femme outragée portait ses plaintes à son père. Dans
ce cas le droit de l'ascendant tournait au profit de
l'enfant. C'est ainsi que dans le Mercator, on voit
Dorippe, trompée par son mari, et ne trouvant de
secours que dans le droit paternel, dépêcher aus-
sitôt son esclave au logis de son père :

Syra, i, rogato patrem meum verbis meis
Ut veniat ad me jam simul tecum (1).

On s'est demandé si la volonté d'un ascendant,
soumis à la même puissance paternelle que son fils
ou sa fille, eut suffi pour dissoudre le mariage de
ce fils ou de cette fille. La volonté de l'ascendant
supérieur, de l'ascendant commun, ne doit-elle pas
seule prévaloir ? Quant à la fille on peut répondre
avec certitude que la volonté de l'ascendant immé-
diat est insuffisante.

La raison en est simple : le consentement de cet

---

(1) Plaute ; *Mercator* ; vers 776 et suiv.

ascendant n'étant point nécessaire pour la validité
du mariage, sa volonté ne peut le détruire. Quant
au fils, la question est plus délicate. Son mariage
ne pouvait exister valablement sans le consentement
de l'ascendant intermédiaire, du père. Il est assez
naturel de supposer que, réciproquement, il pouvait dissoudre le mariage dont il avait été, pour
ainsi dire, l'auteur.

Nous reconnaissons pourtant que la loi (1) du digeste qui autorise le chef de famille à tuer sa fille
surprise en flagrant délit d'adultère et refuse ce droit
aux autres ascendants, semble contraire à l'opinion que nous avons avancée.

Le droit exorbitant du père de famille, de rompre un mariage contre la volonté des conjoints disparut quand les principes de la puissance paternelle
devinrent moins rudes et moins étendus. Paul nous
apprend que c'est sous le règne d'Antonin que le père
de famille perdit l'attribut de sa puissance qui nous
occupe. « *Benè concordans matrimonium*, dit ce jurisconsulte, *separari a patre divus pius prohibuit* (2). »

Marc-Aurèle acheva l'œuvre d'Antonin. Dioclétien et Maximien permirent à une fille exhérédée
par son père d'intenter la *querela inofficiosi testa-*

---

(1) Dig.; *ad legem Juliam, de adulteriis*, f. 20.

(1) *Sent. de Paul;* liv. v; tit. vi; § 15.

menti, par la seule raison que l'exhérédation était fondée sur le refus, de la part de la fille, de se séparer de son mari.

Les mêmes empereurs, déclarèrent qu'à moins de très-graves motifs, lorsqu'une fille de famille désirerait rester unie à son mari, la volonté contraire du père ne pourrait pas prévaloir (1).

Valérien et Gallien, dans un rescrit, blâment la conduite d'une fille nommée Maxima, qui avait divorcé, pour remplir une condition écrite dans le testament de sa mère. Les empereurs pensaient que la condition était nulle et, qu'en tout cas, Maxima, aurait dû préférer à un intérêt pécuniaire l'existence de son mariage. « Retournez donc chez votre mari, ajoute le rescrit, et soyez persuadée que l'inaccomplissement de cette condition ne vous empêchera pas de conserver la succession de votre mère. »

Sous Justinien, les fils et les filles soumis à la puissance paternelle pouvaient, en règle générale, divorcer, sans le consentement de leur père. Nous ne connaissons aucun texte qui consacre formellement notre opinion, mais nous pensons qu'elle est suffisamment justifiée par l'argument *a contrario* que l'on peut tirer du texte où Justinien déclare

---

(1) L. 5. C. J. *de Institut.*, liv. 6, tit. XXV. — L. 18, *de inoff. testam.* C. J. — Liv. 5, *de repudiis*, C. J., liv. 5, tit. XVII.

que les enfants, à l'occasion du mariage desquels un ascendant a donné ou reçu une *donatio propter nuptias*, ou une dot, ne peuvent envoyer le *repudium* sans le consentement de cet ascendant. Cet ascendant eut en effet été lésé pour une faute qui n'était pas la sienne. Il n'eut pas été juste, ajoute Justinien, que l'ascendant se fût trouvé dans l'impossibilité de rompre le mariage sans le consentement de son fils, tandis que son fils au contraire eût eu le droit de le dissoudre au mépris de la volonté et des intérêts de son ascendant.

Ainsi, sauf le cas d'une *donatio propter nuptias*, ou d'une dot donnée ou reçue par un ascendant, la seule volonté de l'époux était suffisante pour dissoudre le mariage.

Une disposition spéciale, d'autant plus remarquable qu'elle émanait de ces lois fameuses, promulguées par Auguste pour imposer un frein à la dépravation des mœurs, concerne les affranchies mariées à leur patron.

Les lois Julia et Pappia Poppea leur refusaient le droit de divorcer, contre la volonté du patron. L'affranchie rentrait dans le droit commun quand le patron manifestait l'intention de rompre le mariage. Cette intention pouvait s'induire de simples présomptions. Ainsi le patron intentait-il contre elle l'action *rerum amotarum*, c'en était assez aux yeux de la loi pour que l'affranchie pût prendre

un second mari. En effet, l'action *rerum amotarum*
ne pouvait être intentée qu'après le divorce. Il en
était de même si le patron se fiançait à une autre,
prenait une concubine, etc (1).

Les lois Julia et Pappia Poppea défendaient-elles
à l'affranchi marié à sa patronne de contracter un
second mariage tant qu'elle ne consentait pas à la
rupture du premier? Nous ne le pensons pas.

L'argument *a contrario* que l'on peut tirer du texte
précédent a d'autant plus de poids qu'il nous re-
place sous l'empire du droit commun. Le silence
des jurisconsultes et la différence des hypothèses sont
encore deux puissants arguments à l'appui de notre
opinion.

L'époux en démence perdait la faculté de demander le divorce. Comme son curateur ne pouvait
le demander à sa place, il s'en suivait pour l'époux
dément une impossibilité absolue de dissoudre son
union. Seul, le père pouvait, si sa puissance paternelle existait encore, envoyer au nom de son
enfant le libelle de divorce (2).

Nous devons signaler, en terminant ce chapitre,
une particularité relative au mariage des Flami-
nes. Il fut pendant longtemps indissoluble : *Matrimonium Flaminis*, dit Aulu-Gelle, *nisi morte di-*

---

(1) Dig.; l. 11; *de div, et repud.*
(2) Dig.; L. 4.; *de div. et repud.* — C. ead. L. 5.

rimi non jus est (1). Festus n'est pas moins explicite sur ce point, lorsqu'il parle de la *Flaminica* (femme du Flamine) , *cui non licebat facere divortium* (2).

L'empereur Domitien fut le premier qui autorisa le divorce d'un Flamine. Plutarque, qui nous révèle cette particularité , ajoute que les prêtres firent dans cette circonstance, les cérémonies les plus extraornaires et les plus lugubres (3).

---

(1) Aulu-Gelle ; *Nuits Attiques ;* liv. 10, ch. XV.

(2) Festus ; *Verbo Flammeo.*

(3) Plutarque ; *Questions Romaines ;* n° 50.

CHAPITRE II.

CAUSES DU DIVORCE.

Nous avons parlé au chapitre précédent des divorces célèbres de Sulpicius Gallus, d'Antistius Vetus, de Sylla, de Pompée, etc. Les causes les plus futiles avaient servi de prétexte. On invoqua d'abord des motifs demi-sérieux en apparence : la stérilité, l'impudicité, la dépravation des mœurs. Mais bientôt on divorça sans motifs. Paul Emile répudia Papirie, belle, vertueuse, mère de plusieurs enfants, et se contenta de répondre à ses amis, qui s'en étonnaient, que lui seul pouvait connaître le défaut de sa chaussure (1). Tout le monde sait que César renvoya Pompéia sur un simple soupçon, en disant que la femme de César ne devait même pas être soupçonnée.

Les femmes ne restèrent pas longtemps en arrière. On les vit bientôt user de la commode faculté qu'autorisait la loi. Elles firent un si fréquent usage du divorce que Sénèque le philosophe a pu écrire sérieu-

_____

(1) Plutarque; *Vie de Paul-Emile.*

2

sement : « *Illustres quædam ac nobiles feminæ non consulum numero , sed maritorum, annos suos computant , et exeunt matrimonii causa , nubent repudii* (1).

Le poète Martial, que l'on n'accusera pas de pruderie , était lui-même indigné de ces adultères de par la loi :

Quæ nubit toties, non nubit : adultera lege est;
Offendor mœchâ simpliciore minus.

C'eût été simplicité d'esprit d'ignorer que mariage signifiait adultère. Nulle pudeur , nulle retenue. Il faut remarquer en outre que certaines femmes trouvaient, dans leurs dots opulentes, un moyen de dominer leurs maris. Malheur à l'époux qui n'a point de fortune personnelle ! Le divorce est pour lui la misère , ou le mariage une servitude !

Comme nous sommes loin de l'antique société Romaine, où la femme était la chose, la conquête du chef de famille ! A force de conquérir au dehors, le peuple Romain s'est laissé vaincre dans son intérieur par tous les vices des vaincus.

Suétone a dit, dans la vie d'Auguste , que l'empereur : *divortiis modum imposuit* (2). Suétone se trompe. Auguste fit des efforts pour arrêter le torrent, mais le torrent fut plus fort que les digues

---

(1) Sénèque; *de beneficiis*; L. III; § 16.
(2) Suétone; *Vie d'Auguste*; § 34.

qu'il lui imposa. Lui-même épris de Livie, femme
de Tibérius Néron, l'enleva à son mari, peut-être
malgré elle, sans même attendre qu'elle fût ac-
couchée. Son favori Mécène était fameux par ses
mille mariages et ses divorces quotidiens.

Comment d'ailleurs le divorce aurait-il pu recevoir un frein, lorsque la loi en admettait une cause
si simple, si facile, le consentement mutuel?

On disait alors que le divorce avait lieu *bona
gratia*. « Pourquoi ne pas marier nos enfants, dit
Simon dans l'Andrienne de Térence ; après tout,
l'inconvénient, s'il y en a, se réduit à la séparation. »

., Nempe incommoditas denique huc omnis redit,
 Si eveniat, quod di prohibeant! discessio.

Les jurisconsultes induisaient de la mutuelle manifestation de volonté, l'existence d'un juste motif
de dissolution du mariage.

En pareil cas la femme se retirait, d'ordinaire,
comblée par son mari de toutes sortes de présents.
La loi Romaine, qui proscrivait avec raison les donations entre époux, exceptait spécialement celles
qui avaient leur cause dans le divorce (1). Aussi
Ovide a-t-il pu écrire :

Tutius est aptumque magis discedere pace
 Quam petere a thalamis litigiosa fora.

_____

(1) Ulpien ; reg. VII ; § 1.

Munera quæ dederas habeat sine lite jubeto
Esse solent magno damna minora bono (1).

Il faut reconnaître pourtant qu'au milieu des débordements du divorce, l'indissolubilité du mariage
était encore en honneur, au moins dans les nécro-
poles. On lit, en effet, sur quelques monuments
funéraires, cette inscription qui devait être un grand
éloge :

　　　Conjugi piæ, inclitæ, univiræ.

Quand Constantin assit le christianisme sur le trône
impérial, l'influence de la religion nouvelle se fit
sentir dans les lois. L'antique liberté du divorce fut
singulièrement restreinte. Constantin, dans une constitution insérée au Code Théodosien, limita à trois
cas les justes causes du divorce. Le mari put divorcer quand sa femme était convaincue d'adultère,
d'empoisonnement ou de proxénétisme. La femme
conserva la même faculté quand son mari était coupable d'empoisonnement, d'homicide ou de violation
de sépulture. Le divorce *bona gratia* disparut pour
un temps de la législation Romaine (2).

En 421 Honorius apporta un certain relâchement
aux lois de Constantin sur le divorce. Le divorce
par consentement mutuel resta toujours interdit en

---

(1) Ovide; *de Remed. am.;* vers 66 et suiv.

(2) Code Théod.; liv. 1.; *de Repudiis.*

principe, mais les époux purent divorcer pour des fautes légères.

Une constitution de Théodose le Jeune et de Valentinien remit en vigueur les lois anciennes. Le divorce par consentement mutuel reparut encore (1). Cette nouvelle législation fut en vigueur de 439 à 449. A cette dernière date les mêmes empereurs publièrent une nouvelle constitution qui proscrivait tout arbitraire dans le divorce et énumérait strictement les motifs qui seuls pourraient être invoqués à l'avenir (2).

Ces causes sont : l'adultère, l'homicide, une conspiration contre l'Etat, le crime de faux, le vol ou le recel de voleur, la violation de sépulture, l'attentat contre la vie du conjoint, les violences du mari sur sa femme, ou de la femme sur son mari, le fait d'avoir introduit des courtisanes sous le toit conjugal. Le mari avait, en outre, le droit de divorcer si sa femme, sans son assentiment, avait recherché la société des étrangers, assisté à des jeux publics ou découché sans nécessité.

Justinien dans la novelle XXII posa cinq cas de de divorce où aucune des parties n'encourait de peine. Ces cas étaient ceux : 1° d'entrée dans un

---

(1) Selden; *de Uxore Hebraica;* Liv. 3, ch. 28.

(2) Code Just.; liv. 8.; *de Repudiis.*

monastère ; 2° d'impuissance ; 3° de captivité ; 4° de découverte de la condition servile de l'un des époux ; 5° de délaissement.

La novelle CXVII contient le dernier état du droit Romain relativement à la matière qui nous occupe. Les causes de divorce sont , pour le mari : 1° l'adultère de la femme; 2° le fait d'avoir été se baigner et manger avec des étrangers ; 3° le fait d'avoir découché malgré l'époux , à moins que la femme ne soit allée dans la maison paternelle ; 4° le fait d'avoir été aux jeux publics à l'insu du mari.

Les causes étaient également au nombre de quatre pour la femme , à savoir :

1° L'impuissance du mari continuée pendant trois ans à partir de la célébration du mariage ; 2° la tentative de prostitution du mari sur sa femme; 3° la fausse accusation d'adultère portée par le mari ; 4° l'adultère du mari consommé soit dans la maison conjugale , soit dans la ville où il habite, et la continuation des relations coupables malgré des avertissements réitérés.

Deux causes de divorce étaient communes au mari et à la femme 1° un complot ou la connaissance d'un complot contre l'Etat ou contre la vie du conjoint; 2° la captivité , avec certaines distinctions.

Aux causes de divorce que peut invoquer la

femme il faut en ajouter une introduite par Constantin et modifiée par Justinien. Constantin avait autorisé la femme à répudier au bout de quatre ans le mari qui l'avait quittée pour suivre une expédition et ne lui donnait plus de ses nouvelles.

Dans la novelle XXII Justinien porta d'abord ce délai à 10 ans. Dans la novelle CXVII il décida que la femme ne pourrait se remarier qu'autant que le décès de son mari serait constaté par le serment de ses chefs. Elle devait en outre attendre un an encore après l'accomplissement de ces formalités.

CHAPITRE III.

___

FORMES DU DIVORCE.

Lors des beaux jours de Rome et sous les lois de Numa, quand un différend s'élevait entre deux époux et qu'un mouvement d'emportement allait briser une union jusque là peut-être sans nuage, des amis communs, les parents, les enfants, conduisaient les deux époux sur le mont Palatin, devant les autels de la déesse Viriplaca. Là, ils s'expliquaient sans aigreur et resserraient souvent les liens de cette union qui allait se rompre (1).

Remarquons pourtant que cette tentative de réconciliation, fait exceptionel et local, qui disparut avec le paganisme, n'entrait pas au nombre des formalités légales du divorce.

Valère-Maxime raconte que les censeurs exclurent du sénat Luoius Antoninus parce qu'il avait répudié sa jeune femme sans faire approuver par

___

(1) Valère Maxime; Liv. 2, ch. I, § 6.

ses amis le motif de cette répudiation (1). Nous ne croyons pas pouvoir conclure de ce fait que l'intervention d'un conseil d'amis fût nécessaire pour juger l'opportunité du divorce. Nous ne voyons là qu'un acte isolé, facilement explicable par l'autorité des censeurs.

Pour savoir comment, dans l'ancien droit Romain, se dissolvait le mariage, il n'est pas indifférent de rechercher quelles solennités avaient présidé à sa formation. Lorsque le mariage avait revêtu les formes patriciennes de la *confarréation*, dont le caractère et les symboles ne manquaient pas de dignité, une cérémonie contraire était nécessaire, celle de la *diffarréation*. Que si le mariage avait affecté les formes plébéiennes de la *coemption*, le vieux principe romain recevait son application et le mariage était dissous *eo jure quo colligatum erat*. La mancipation avait fait entrer la femme dans la famille et dans le patrimoine de son mari; la mancipation l'en faisait sortir : *Remancipatam Gallus Ælius esse ait quæ mancipata sit ab eo cui in manu convenerat* (2). Le silence des prudents peut faire penser qu'au cas où le mariage avait eu lieu *solo consensu*, nulle formalité n'était exigée. Cette solution est conforme à la logique des principes. Le con-

---

(1) Valère Maxime; Liv. 8, ch. II, § 3.
(2) Festus, *verbo remancipata*.

sentement seul a formé le mariage, le consentement
seul est suffisant à le dissoudre. Il faut pourtant
faire exception pour le cas où, le mariage s'étant
accompli *solo consensu*, la possession annuale avait
fait tomber la femme sous la *manus* du mari. La ré-
mancipation était alors évidemment nécessaire (1).
Rappelons, en terminant ce paragraphe, qu'il n'est
ici question que du vieux droit et que la *diffarréation* comme la *coemption*, disparurent assez
promptement.

On trouve au Digeste, et dans les auteurs latins,
les formules le plus ordinairement employées pour
rompre le mariage.

Tuas res tibi habeto.

Tuas res tibi agito.

Le fiancé qui voulait dégager sa parole, sans encourir l'infamie, se servait de la formule suivante :

Tuâ conditione non utor.

Nous avons vu Alcmène, dans Plaute, dire à son
époux : *Valeas, tibi habeas res tuas, redde meas.*

On trouve aussi dans Martial :

...... *Proculeia maritum*

Deseris, atque jubes res sibi habere suas (2).

Dans Apulée : *Confestim toro meo divorte, tibique
res tuas habeto.*

_____

(2) Gaïus; *Comm.*, liv. 1, § 118.

(1) Martial; liv. 10, épigr. 41.

Quand le divorce avait eu lieu par suite de l'adultère de la femme, on la dépouillait de la stole, vêtement des matrones Romaines, pour la revêtir de
la toge, vêtement des courtisanes. Pétrone fait probablement allusion à cette coutume dans le passage
suivant :

*Qui fidem scelere violasti et communem amicitiam,
res tuas ocius tolle et alium locum quem polluas quære.*

Il n'était pas indispensable, pour divorcer, que les
époux fussent en présence. On pouvait divorcer avec
son conjoint absent, par messager ou par lettres.
Cicéron envoya le *repudium* à Térentia, dans une
lettre qu'il lui écrivit à elle-même.

L'envoi du *libellum* finit par devenir une trop
lourde, trop gênante formalité. Les jurisconsultes
en vinrent à discuter gravement cette question :
« Un second mariage n'équivaut-il pas à un divorce? » Cicéron dans son livre *de Oratore*, nous
apprend que, sur ce point, la controverse était
très-vive. « Dans ces causes, dit-il, et au sujet de
l'enfant né d'une seconde femme, sans que le
repudium ait été envoyé à la première, un dis-
sentiment profond régnait entre les hommes les plus
expérimentés dans la science du droit. »

La loi Julia *de adulteriis* exigea, dans tous les
cas, et à peine de nullité, l'accomplissement de
certaines formalités, pour la dissolution du lien
conjugal. Le but de cette loi fut de faire apparaître

ostensiblement et de constater la volonté sérieuse
de celui qui avait l'intention de divorcer. La présence de sept témoins, citoyens romains pubères,
représentation de l'ancien tribunal de famille, et d'un
affranchi de celui qui envoyait le *repudium*, fut exigée. L'époux qui avait l'intention de divorcer manifestait son sentiment devant les témoins, et l'affranchi
allait porter le *repudium* à l'autre conjoint.

Juvénal, dans sa sixième satire, où il peint avec
tant de puissance les débordements des femmes Romaines, met en scène un affranchi qui commande
à la femme de son maître de faire ses paquets et
de partir. Allons, dit-il,

Collige sarcinulas........ et exi;
Jam gravis es nobis, et sœpe emungeris, exi
Ocius, et propera : sicco venit altera naso (1).

L'affranchi chargé du *libellum* ne devait point nécessairement tenir sa liberté du conjoint qui l'envoyait. Il suffisait qu'il eut été mis en liberté par
le père, l'aïeul ou le bisaïeul de l'époux.

Il était d'usage que la femme, au moment du divorce, rendît à son mari les clefs qui lui avaient
été confiées au moment du mariage.

Festus donne de cet usage l'explication suivante :
« *clavim consuetudo erat mulieribus donare, ob si-*

---

(1) Juvénal ; *Sat.* vi, vers 46 et suiv.

gnificandam partus facilitatem. » L'explication est au moins singulière et l'on ne se serait guère attendu à voir la fécondité des matrones Romaines symbolisée par une clef.

Quoi qu'il en soit, l'usage était constant. Il nous est attesté par Cicéron lui-même. « *Frugi factus est*, dit-il en parlant d'Antoine ; *Mimam suam res sibi habere jussit ex duodecim tabulis ; claves ademit, exegit* (1).

Le témoignage de Cicéron est encore confirmé par saint Ambroise qui s'exprime ainsi : « *Mulier offensa claves remisit, domum revertit* (2). »

Enfin Juvénal signale dans une satire la lacération du contrat comme étant d'usage :

..... *Tabulas quoque ruperat* (3).

Nous pensons que ces formalités n'étaient nullement obligatoires. Elles n'étaient pas de l'essence du divorce. L'usage les avaient établies ; la société les avaient acceptées ; la tradition les avaient conservées ; mais la loi, le droit pur ne les réclamaient pas.

Sous la législation de Justinien, le *repudium* envoyé dans un mouvement de colère ne produisait

(1) Cicéron ; *deuxième Philippique ;* chap. 28.

(2) Saint-Ambroise ; *Epitre* v.

(3) Juvénal ; *Sat.* ix , vers 75.

ses effets que lorsqu'il y avait persévérance dans la volonté. Le retour de la femme au logis après un court laps de temps le rendait non avenu. Quand l'époux, qui avait chargé un affranchi de porter le *libellum*, s'en repentait, mais trop tard pour empêcher que son conjoint ne le reçût, le mariage continuait à subsister. Cependant si la femme, connaissant le repentir de son mari, voulait rompre l'union, elle en avait le droit. Seulement, dans ce cas, c'était sur elle seule que pesait la responsabilité du divorce. La loi n'exigeait pas que le *libellum* fût signifié à l'époux personnellement. Il pouvait être valablement signifié en l'absence de l'époux, soit à une personne sous la puissance de laquelle il se trouvait, soit à une personne placée sous sa propre puissance.

CHAPITRE IV.

EFFETS DU DIVORCE.

Certains effets du divorce lui sont communs avec les autres modes de dissolution du mariage ; certains autres lui sont propres. Nous nous restreindrons à ces derniers , à ce que notre matière peut présenter de spécial.

Plutarque , raconte qu'aux beaux jours de la République , quand un mari répudiait sa femme sans justes motifs , en dehors des cas prévus par les lois, il perdait ses biens et était dévoué aux dieux infernaux.

Valère-Maxime (1) et Pline l'Ancien (2) nous apprennent qu'avant Auguste , lorsque l'inconduite de la femme avait occasionné le divorce , elle était punie par la perte de sa dot.

Par contre , les censeurs notaient d'infamie les maris qui avaient envoyé, sans justes motifs, le libelle

---

(1) Valère Maxime; liv. viii , ch. iii.

(2) Pline l'Ancien ; liv. xiv , ch. xiii.

de divorce. Mais cette mesure dut cesser de bonne heure d'être appliquée. Il nous répugne de penser que les grands citoyens dont nous citions les noms dans le chapitre précédent, que Paul Emile, que Cicéron aient été infâmes aux yeux de leurs concitoyens.

Les lois Julia et Pappia Poppea, si dures contre les célibataires exigeaient que la femme, après le divorce, se remariât dans un très-bref délai. Ce délai était d'un mois sous l'empire de la loi Julia.

La loi Pappia Poppea le porta à dix-huit.

Les lois Romaines assurèrent à la femme, en principe, la restitution de sa dot. Il eut été par trop commode pour le mari de renvoyer la femme et de garder l'argent. La dot, alors comme aujourd'hui, était le plus sûr moyen de trouver un mari. Le célibat devint contraire à l'ordre public. On comprend combien dès-lors il fut nécessaire d'avoir une dot. Aussi la conservation de la dot fut-elle érigée en principe. « *Interest reipublicæ mulieres dotes salvas habere propter quas nubere possunt.* »

Quand le caprice du mari, non la culpabilité de la femme, commença à décider de la dissolution du mariage, il devint indispensable de venir au secours de la femme. En prévision de la séparation éventuelle des époux, on dut organiser une séparation éventuelle du patrimoine. Le régime dotal s'éleva ainsi

sur les ruines de la *manus* antique et devint le pivot
de la nouvelle société conjugale.

Un fait remarquable, et qui n'a peut-être pas été
assez remarqué, c'est que ce fut à l'époqne où la
facilité du divorce s'introduisit dans la vieille société
romaine, que le progrès de la population libre s'ar-
rêta. A partir de ce moment il fallut faire appel aux
affranchis, et aux étrangers, pour remplir le vide
causé par la disparition des citoyens.

L'action *rei uxoriæ*, action de bonne foi, qui
existait même avant l'apparition des fameuses lois
d'Auguste, conférait à *l'arbiter* des pouvoirs très-
étendus. Ainsi Marius, choisi pour *arbiter* entre Titinnius et Fannia, condamna Titinnius à la restitution entière de la dot de Fannia, et Fannia à un
sesterce seulement. Le motif de la condamnation de
Titinnius était la conviction où était Marius que Ti-
tinius n'avait cherché l'alliance de Fannia, dont il
connaissait l'impudicité, que pour envahir son patrimoine (1). Quant à la condamnation de Fannia à
un sesterce, elle est trop insignifiante pour être autre
chose qu'une satisfaction apparente à un principe.

Remarquons que *l'arbiter* avait à apprécier les
faits qui occasionnaient le divorce. La rupture du
mariage n'était en effet imputable à l'époux qui

---

(1) Valère Maxime; liv. 8, ch. 11, § 3.

avait envoyé le *repudium* qu'au cas où son conjoint n'avait pas commis une faute.

Papinien exprime ainsi cette solution : « *Non ab eo culpa dissociandi matrimonii procedit, qui nuntium divortii misit; sed qui discidii necessitatem induxit* (1) ».

Le juge jouissait d'ailleurs de la plus grande latitude pour décider de quel côté se trouvait la culpabilité. Cette question de culpabilité une fois tranchée, restait à faire l'application des peines édictées par la loi.

Ulpien nous apprend que quand le divorce avait eu lieu par la faute de la femme, le mari avait droit à une rétention nommée *retentio propter liberos*. Il pouvait prétendre au sixième de la dot quand un enfant restait à sa charge ; aux deux sixièmes s'il y avait deux enfants ; aux trois sixièmes s'il y en avait trois. Le maximum de son droit s'arrêtait en tout cas à la moitié de la dot (2).

Une particularité très-remarquable du droit marital est qu'il ne pouvait être exercé que par voie de rétention, jamais par voie d'action.

Ainsi, pour la rétention *propter liberos*, le concours de deux circonstances était nécessaire. Il fallait :

1° Que des enfants fussent issus du mariage ;

---

(1) Papinien, *Vaticana*, fragm., § 121.
(2) Ulpien, fragm., tit. VI, § 10.

2° Que le divorce fut arrivé par la faute de la femme ou du père sous la puissance duquel elle se trouvait.

De plus, la voie de la rétention était seule ouverte au mari. La *retentio propter liberos* était à la fois une punition pour la femme ou son père, et une indemnité équitable pour le mari. Sur lui, en effet, continuait à peser, malgré le divorce, une partie des charges du mariage, l'éducation, l'entretien des enfants.

N'était-il pas juste que la dot, destinée à subvenir à ces charges, et qui aurait continué à servir à cette destination, sans la faute de la femme ou du beau-père, restât, au moins en partie, affectée à sa primitive destination?

Si le divorce avait lieu par la faute des deux époux, on appliquait la maxime : « *Paria delicta mutuâ pensatione tolluntur* ». Chaque époux était relevé des peines portées par la loi; on leur refusait l'application d'une loi que l'un et l'autre avaient méprisée.

Il y avait une seconde sorte de rétention appelée *retentio propter mores*. Elle s'ouvrait au profit du mari quand le divorce avait eu pour cause les mauvaises mœurs de la femme. Elle était du sixième de la dot quand l'atteinte aux mœurs était grave, quand la femme avait commis un adultère; elle n'était que du huitième, si l'atteinte était légère.

Les mauvaises mœurs du mari étaient punies de la manière suivante : Si la dot devait être rendue en termes d'une année chacun, le mari était condamné à restitution immédiate, au cas où ses mœurs avaient été jugées *graviores*; à restitution par tiers, de six en six mois, au cas où ses mœurs avaient été jugées *leviores*. Si la dot était de celles qui doivent être rendues immédiatement, la punition consistait alors à rendre une quantité de fruits correspondante au temps dont la restitution était avancée pour la dot remboursable en trois ans, c'est-à-dire, en cas de faute grave, les fruits de deux années ; ceux d'une année seulement en cas de faute légère.

Par là se trouvaient abrogées les dispositions de l'ancien droit qui, au cas d'adultère, attribuaient au mari toute la dot de la femme. Cet affaiblissement de peine, dans une loi destinée à réfréner la licence des mœurs, peut sembler étrange au premier abord.

Il n'est pourtant qu'une conséquence logique des principes de la loi d'Auguste. Quel était en effet le but de l'empereur ? C'était, avant tout, de pousser, par tous les moyens possibles, à la procréation des enfants légitimes. Or, pour que les femmes pussent se marier, ne fallait-il pas qu'elles présentassent encore une dot à un nouvel époux ?

M. Pellat apprécie ainsi les pénalités que nous venons d'étudier : « Les peines infligées à chaque

époux sont semblables, mais non égales d'un époux
à l'autre, ni même proportionnelles d'un cas à l'autre.
Elles ne sont pas égales entre les époux, car là
où la femme perdait un sixième ou un huitième
de son capital dotal, le mari perdra deux ans ou
un an de revenu de ce capital. Elles ne sont pas
proportionnelles entre elles dans les deux cas, puisque du plus grave au moins grave, la peine varie
d'un sixième à un huitième pour la femme, de
un à deux pour le mari (1). »

Quand le mari avait restitué la totalité de la dot
au cas où les mauvaises mœurs de la femme lui
donnaient le droit d'en retenir une partie, la loi
lui accordait une action spéciale, le *judicium mo-
rum* ou *actio de moribus*.

Une constitution de Constantin, insérée ou code
Théodosien, nous donne quelques détails sur cette
action, dont les seuls textes du digeste n'auraient
peut-être pas fait connaître parfaitement la nature.
Le judicium de moribus était une action pénale.
De même que l'action d'injures, il ne pouvait être
exercé ni par, ni contre les héritiers. Il ne concou-
rait pas avec l'action publique pour la répression
de l'adultère. C'était moins une satisfaction pécuniaire donnée à l'époux outragé, qu'une punition
pour l'époux coupable.

---

(1) Pellat, textes sur la dot ; 2ᵉ éd., p. 27.

Le mari était déchu du droit d'opérer des retentions sur la dot de sa femme, dans deux cas :

1.º Lorsque des faits survenus après la séparation des époux faisaient supposer la réconciliation, quand, par exemple, après un divorce causé par la faute de la femme, cette femme redevenait la fiancée de son premier mari et que celui-ci avait consenti aux fiançailles ;

2.º Lorsque le mari auquel une dot avait été promise par la femme, ne l'avait pas reçue et avait laissé passer, après le divorce, un temps assez long sans la réclamer ; il était alors censé avoir fait une renonciation tacite. S'il agissait, sa femme pouvait le repousser par l'exception de pacte.

Une question qui a soulevé de vives controverses est celle de savoir si, le cas échéant, les rétentions, *propter liberos* et *propter mores* pouvaient être cumulées.

Le savant Hugo soutient l'affirmative. M. Schilling conclut pour la négative. M. Pellat déclare que c'est un des cas où il faut savoir se résigner à ignorer jusqu'à la découverte d'un nouveau texte (1).

Des modifications importantes et nombreuses furent ajoutées avec le temps au droit tel que nous venons de l'étudier.

----

(1) Pellat, textes sur la dot ; 2e éd., p. 37.

L'avénement de Constantin, et avec lui, de la nouvelle religion venue de Judée , substitua de nouveaux principes aux anciens.

Sous l'empire de la constitution promulguée par Constantin, en 331 , la femme qui divorçait en dehors des cas légaux était condamnée à la déportation dans une île. Elle perdait sa dot toute entière , tout, jusqu'à ses ornements de tête : *usque ad acuculam capitis.* Le mari qui divorçait au mépris de la loi, ne pouvait rien garder de la dot. Défense lui était faite de se remarier. Que s'il enfreignait cette prohibition, la femme mal à propos répudiée avait le droit singulier de s'établir dans la maison de son époux et de s'approprier la dot de sa rivale.

La législation de Constantin fut développée et complétée par une constitution que les Empereurs Honorius et Théodose promulguèrent plus tard, en 421.

Cette constitution organisait une plus équitable répartition de peines.

Trois cas étaient prévus, 1° Répudiation sans motif.

Le mari perdait la dot, la donation anténuptiale et était condamné à un célibat perpétuel; sa femme pouvait se remarier après deux ans. La femme, dans le même cas, perdait la dot, la donation , anté-nuptiale, et était en outre condamnée à la déportation, avec défense éternelle de se remarier.

2° Répudiation *ob mores.*

Le mari rendait la dot, mais gardait la donation anté-nuptiale et pouvait se remarier après deux ans. La femme était frappée des mêmes peines que pour le cas précédent, sauf la déportation.

3° Répudiation pour crimes.

La femme recouvrait sa dot et acquérait la donation anté-nuptiale. Elle pouvait se remarier au bout de cinq ans. Même droit quant au mari, qui pourtant pouvait se remarier sans délai.

Le droit ancien était conservé en ce qui concernait la *retentio propter liberos.*

Nous avons dit que Théodose le jeune et Valentimien, par une constitution en date de 439, firent faire à la législation sur le divorce un pas en arrière. Ils ne craignirent pas de rétablir purement et simplement l'ancien droit. Le christianisme, plus puissant chaque jour, réclama. Une transaction eut lieu dans une constitution que les Empereurs publièrent en 449.

Nous savons quelles sont d'après cette constitution les causes du divorce. Reste à étudier les effets.

La femme divorçait-elle en se conformant à la loi? Elle reprenait sa dot, avec la donation anté-nuptiale et pouvait se remarier après un an. Avait-elle au contraire divorcé contrairement à la loi? Elle

perdait avec sa dot tout droit à la donation anté-
nuptiale, défense lui était faite , en outre , de se remarier, avant cinq ans sous peine d'infamie et de
nullité du mariage ainsi contracté. Le mari était toujours libre de se remarier. Quand il divorçait avec
justes motifs il gagnait la dot et reprenait les donations qu'il avait faites ; s'il divorçait contrairement
à la loi il perdait la donation et restituait la dot.
Les gains dotaux, s'il existait des enfants, leur ap-
partenaient à la mort de l'époux auquel ils étaient
attribués et si ces biens étaient sortis de l'hérédité
paternelle on maternelle, les détenteurs devaient
ou les restituer en nature, ou en payer la valeur (1).

Pour compléter cette législation, Justinien, sta-
tuant sur les cas où il n'y aurait pas constitution
de dot , décida que l'époux injustement répudié
aurait droit à cent livres d'or , si la fortune de son
conjoint atteignait ou dépassait 400 livres, et au
quart de cette fortune si elle se trouvait inférieure
à cette somme. Il décidait en outre qu'au cas où
le divorce aurait pour cause l'impuissance du mari,
le mari devait rendre la dot , mais garderait la
donation anté-nuptiale (2).

Dans le chap. 13 de la novelle CXVII, Justinien

---

(1) Code Just., *de Repudiis* , loi 11.

(2) Code Just., *de Repudiis*. loi 10.

ordonna que la dot de la femme qui avait divorcé
sans juste motif, appartiendrait au mari, avec obligation de la restituer à sa mort aux enfants issus
du mariage. Le mari en bénéficiait seul, quand il
n'y avait pas d'enfants. La femme devait en outre
être enfermée dans un monastère jusqu'à la fin de
ses jours. Un tiers de ses biens appartenait au
monastère, en propriété; les deux autres tiers
étaient dévolus aux enfants. Lorsque le monastère
au lieu de concourir avec des descendants, con-
courait avec des ascendants seulement il avait droit
aux deux tiers de la fortune. Si le monastère se
trouvait en présence d'étrangers, ou si les descendants dans le cas où il n'y avait pas d'enfants,
donnaient leur consentement, le monastère avait
vocation au tout.

Le mari qui sans motifs légitimes avait envoyé
à sa femme le libelle de divorce, ne restait pas
impuni. La législation de Justinien le condamnait
à remettre à sa femme sans parler de la dot et
de la donation anté-nuptiale, une part de sa fortune égale au tiers de cette douation. La nu-
propriété de cette part et de la donation appartenait aux enfants issus du mariage. La femme n'en
devenait qu'usufruitière.

Le chapitre 2 de la novelle CXXXIV décida que le
mari pourrait, aussi bien que la femme, être
enfermé dans un monastère.

L'action *rerum amotarum*, qui supposait le divorce consommé, appartenait à l'époux qui avait à se plaindre de détournements commis à son préjudice, par son conjoint, durant le mariage.

Cette action n'avait pas été admise sans vives controverses. Certains jurisconsultes, et à leur tête Nerva et Cassius, soutenaient qu'il n'y avait pas vol, parce que la communauté d'existence du mari et de la femme les rendait en quelque sorte copropriétaires des biens l'un de l'autre. Sabinus, Proculus, Julien, Paul prétendaient qu'il y avait vol ; mais par repect pour le mariage, ainsi que le fait observer Gaius, ils refusaient au mari une action infamante contre celle qui avait été son épouse.

Il nous reste à dire quelques mots de l'influence que pouvait exercer le divorce sur la position des enfants. Affranchis successivement du joug de fer qui pesait eux, ils finirent par être considérés comme autre chose que la propriété de leur père.

Antonin, par une décision que Sevère confirma, déclara qu'ils pourraient être élevés chez leur mère. Toutefois la puissance paternelle n'était point dissoute par ce fait. Dioclétien confirma le droit établi par Antonin et laissa aux magistrats le soin de décider lequel du père ou de la mère conserverait la garde et l'éducation des enfants communs.

Le chapitre 7 de la novelle CXVII décida que les enfants seraient nourris chez la mère non remariée et aux frais du père si c'était lui qui avait occasionné le divorce. Dans le cas contraire les enfants devaient être nourris chez le père et aux frais de la mère si elle était riche.

HISTORIQUE DE LA SÉPARATION DE CORPS.

« Le mariage, disait M. Savoie-Rollin dans son
rapport au Tribunat, intéresse à la fois les pères,
les enfants et les époux. Il saisit l'homme tout
entier, et dans sa vie intérieure et dans sa vie
publique ; car la famille est le berceau de l'état,
et les vertus domestiques sont toutes les vertus du
citoyen (1). » Là où se réunissent deux êtres,
là commence la société civile ; là commencent les
lois qui régissent entre eux leurs droits et leurs
devoirs. Dans l'enfance des sociétés, l'union des
sexes n'est encore qu'un attrait fugitif, qui n'a d'empire que pendant l'instant du désir. Le mariage, à
peine connu des peuples errants, prend des formes
plus constantes chez les peuples pasteurs et ne s'é-
lève à une certaine dignité que chez les peuples
entièrement civilisés. Ce n'est pas au sein de l'ignorance et de la barbarie des premières institutions,

_____

(1) Rapport fait au Tribunat par M. Savoie-Rollin dans la séance du
27 ventôse, an 11.

qu'on a reconnu que le mariage devait être un contrat dont la durée a pour seul terme la vie de l'un des époux.

Nous avons vu dans la première partie de ce travail ce qu'était le mariage à Rome. Nous avons vu ce qu'avait fait de cette institution sacrée la liberté sans frein du divorce. Un abîme sépare le droit Romain de la législation qui nous régit. Cette grande transformation ne s'est pas opérée d'un seul coup et par la vertu d'un rescrit impérial. Un temps vint où le peuple de Rome vit avec étonnement des hommes libres donner librement leur vie pour un dieu nouveau, et mourir dans le cirque pour une religion qui enseignait l'amour du prochain et le pardon des offenses.

C'est cette religion qui a changé la face du monde, apportant au nombre de ses principes l'indissolubilité du mariage. Constantin commença la réforme. Sous Justinien, elle n'était pas complète encore. La lutte fut longue, mais enfin la doctrine de l'indissolubilité du mariage a fini par triompher entièrement, en France du moins. Le divorce, proscrit par l'Evangile, n'est plus permis par nos lois. Introduite au contraire par l'Evangile, permise et, pour ainsi dire, régularisée par lui, la séparation de corps, inconnue aux Romains, est seule admise par la loi Française.

Nous établirons d'abord, dans cette seconde partie de notre travail, quelles sont les règles du droit canon sur la matière. Nous étudierons ensuite la séparation dans le droit barbare et dans le droit coutumier. Enfin, avant d'aborder l'étude de la séparation telle que l'a faite la loi du 8 Mai 1816, nous jetterons un coup d'œil sur le droit révolutionnaire, sur la législation du Code Napoléon et sur le droit étranger.

Nous nous efforcerons, dans toute cette partie, de démontrer que c'est aux principes du christianisme et à l'initiative courageuse des papes que nous devons le triomphe des idées qui règnent maintenant dans nos lois en matière de dissolution du mariage.

DROIT CANON.

Parcourons d'abord quelques-uns des textes où les premiers apôtres du christianisme ont inscrit cette maxime de l'indissolubilité du lien conjugal.

Saint Marc nous rapporte que Jésus-Christ s'adressant aux Pharisiens leur dit : « *Ab initio autem creaturæ masculum et feminam fecit eos Deus. Propter hoc relinquet homo patrem suum et matrem, et adhærebit ad uxorem suam. Et erunt duo in carne una. Itaque jam non sunt duo, sed una caro. Quod ergo conjunxit Deus, homo non separet. Quicumque dimiserit uxorem suam et aliam duxerit, adulterium committit super eam. Et si uxor dimiserit virum suum et allii nupserit, mœchatur* (1). »

Saint Luc reproduit la même pensée, dans des termes presque semblables : « *Omnis qui dimittit uxorem suam et alteram ducit, mœchatur, et, qui dimissam a viro ducit, mœchatur* (2). »

Saint Paul s'adressant aux Romains leur dit : « *Igitur, vivente viro, vocabitur adultera si fuerit cum alio viro; si autem mortuus fuerit vir ejus, liberata est a lege viri : ut non sit adultera si fuerit cum alio viro* (3). »

Aux Corinthiens, il prêche comme aux Romains l'indissolubilité du mariage : « *Iis qui matrimonio juncti sunt, præcipio, non ego sed Dominus, uxorem a viro non discedere; quod, si dicesserit, manere innuptam, aut viro suo reconciliari. Et vir uxorem non dimittat.* (4) »

Il faut avouer pourtant que deux textes de Saint Mathieu semblent autoriser le divorce en cas d'adultère de la femme : 1° « *Ego autem dico vobis quia omnis qui dimiserit uxorem suam, excepta formicationis causa, facit eam mœchari, et qui dimissam duxerit, adulterat* (5). »

---

(1) Saint Marc, ch. X, versets 6 et suiv.
(2) Saint Luc, ch. XVI, v. 18.
(3) Saint Paul, Rom., ch. VII, v. 3.
(4) Saint Paul, Corint., ch. VII, v. 10.
(5) Saint Mathieu, ch. V, vers. 32.

2° « *Quicumque dimiserit uxorem suam, nisi ob fornicationem, et aliam duxerit, mœchatur ; et qui dimissam duxerit, mœchatur* (1). »

Les premiers docteurs de l'Eglise furent divisés sur le sens de ces textes. Les uns, comme Saint Augustin, Saint Jérôme, Saint Ambroise, Chrysostôme et Grégoire de Naziance, refusaient d'y voir une faculté de divorcer, accordée au mari en cas d'adultère de sa femme ; c'est-à-dire qu'ils permettaient au mari de renvoyer sa femme adultère, mais non de contracter une nouvelle union. Tertullien, Lactance, Saint Basile et plusieurs autres voyaient, au contraire, dans les deux textes de Saint Mathieu une exception à la loi générale de l'indissolubilité du mariage et autorisaient, en cas d'adultère, le divorce, dans le sens propre du mot (2).

La loi de l'Evangile admet-elle la séparation de corps ?

Les textes de Saint Mathieu cités plus haut répondent péremptoirement à cette question. S'ils n'autorisent pas le divorce, au moins autorisent-ils d'une manière évidente la séparation de corps, le renvoi de l'épouse infidèle en cas d'adultère. Sans quitter l'évangile de Saint Mathieu, nous rencontrons un troisième texte aux termes duquel il peut

---

(1) Saint Mathieu, ch. XIX, v. 9.

(2) Carrière, *de Matrimonio*; p. 96.

être non seulement permis, mais avantageux de se séparer de sa femme, un texte qui récompense cette séparation : « *Omnis qui reliquerit domum vel fratrem.... aut uxorem.... propter nomen meum, centuplum accipiet* (1). » Les théologiens ont encore vu dans le passage où Saint Mathieu fait dire au Christ : « Si ton œil te scandalise, arrache-le (1) », la preuve que les fidèles doivent tout quitter, même leurs femmes, si elles sont pour eux une occasion de scandale.

Du texte de Saint Paul, déjà cité, *si discesserit, manere innuptam*, il résulte que la femme peut en certains cas, vivre séparée de son mari. Autrement Saint Paul aurait ordonné à l'épouse qui a quitté son époux de retourner immédiatement dans la maison conjugale et de se réconcilier avec son mari.

Nous ne pousserons pas plus loin nos recherches dans les textes du Nouveau Testament. Il ressort avec évidence de ceux que nous venons de citer que la séparation de corps était permise par la loi nouvelle.

Résumons donc la doctrine évangélique sur le point qui nous occupe. Il nous semble qu'on peut la réduire aux deux propositions suivantes :

1º Le divorce est interdit en principe.

---

(1) Saint Mathieu, ch. XIX, vers. 29.

2° La séparation d'habitation est admise en principe.

Nous devons ajouter : la question de savoir si le divorce est ou non permis pour cause d'adultère est douteuse.

Les conciles ont résolu négativement cette importante question. Les conciles d'Afrique, de Frioul et de Nantes, tenus sous le règne de Charlemagne, le concile de Tribur tenu en 895, le concile de Trosli tenu en 909, firent prévaloir la doctrine qu'avaient soutenue Saint Augustin, Chrysostôme et la majorité des premiers docteurs de l'Eglise. Ils repoussèrent le divorce, même en cas d'adultère.

Le droit canonique moderne, dit Pothier (1), est décisif pour l'indissolubilité du mariage. Il cite une décrétale d'Alexandre III, et la déclaration faite au Concile de Florence, tenu au xv° siècle par le pape Eugène IV. Eugène IV dit que l'adultère ne donne lieu qu'à la séparation d'habitation, qu'il ne peut dissoudre le lien du mariage.

Le Concile de Trente avait projeté un décret d'anathème contre le sentiment de ceux qui voyaient dans l'adultère une cause de dissolution du mariage. « Les ambassadeurs de la république de Ve- » nise, dit Pothier (2), s'y opposèrent, et repré-

---

(1) Pothier, *Contrat de Mariage*, n° 496.

(2) Pothier, *Ibid.*, n° 497.

» sentèrent que dans plusieurs provinces sujettes
» de la république, qui suivaient sur ce point le
» rite grec, on avait une discipline contraire à celle
» de l'Église latine ; qu'il n'était pas juste de con-
» damner ces peuples sans les avoir entendus. »
Le Concile se contenta alors de frapper d'anathème
ceux qui s'arrogeraient l'autorité de censurer et de
taxer d'erreur la discipline de l'Église latine sur ce
point.

Voici le texte du canon : « Si quelqu'un dit que
l'Église se trompe lorsqu'elle a enseigné et qu'elle
enseigne, d'après la doctrine de l'Evangile, et des
apôtres que le mariage ne peut être dissous par
l'adultère d'une des parties ; que l'une ni l'autre,
pas même celle qui est innocente et qui n'a point
donné lieu à l'adultère, ne peuvent contracter un
autre mariage, du vivant de l'autre époux, et qu'il
y a adultère pour le mari qui laisse sa femme et
en prend une autre, comme pour la femme qui
laisse son mari et en épouse un autre : qu'il soit
anathème ! »

Le Concile de Trente, dans un autre de ses ca-
nons, proclame solennellement le principe de la
séparation d'habitation : « Si quelqu'un dit que
l'Eglise se trompe lorsqu'elle décide que les époux
peuvent se séparer *quoad thorum et cohabitationem*,
pour plusieurs causes, et pour un temps fixe ou
indéterminé : qu'il soit anathème ! »

Entrons maintenant dans quelques détails et voyons quelles sont les causes de séparation admises par le droit canon.

En premier lieu, il faut placer l'adultère : *requiritur ut sit completum et consummatum* (1). Les droits de chacun des époux sont égaux. L'adultère est une cause de séparation pour la femme comme pour le mari. Cette solution ressort d'un texte de saint Paul dont le sens est sans difficulté (2).

Le droit canon admet quelques fins de nonrecevoir à la demande en séparation : 1° *si uterque sit adulter ;* 2° *si vir ipse uxorem prostituerit ;* 3° *si adulterium fuerit tantum materiale ;* 4° *si adulterium cognitum secuta fuerit reconciliatio.*

C'est une question controversée de savoir si le mari est ou non obligé de renvoyer sa femme en certains cas (3). Il faut d'ailleurs remarquer que l'adultère est la seule cause qui puisse donner lieu à une séparation perpétuelle.

Une seconde cause de séparation est le *votum castitatis perpetuæ.* Un époux ne peut sans le consentement de son conjoint embrasser la vie monastique ; mais il le peut avec ce consentement, librement manifesté. Sauf quelques exceptions, le droit

---

(1) Carrière, *de Matrim.*, p. 211.

(2) Saint Paul ; Cor. VII, 3, 4.

(3) Cajetan, *opuscul.* Tom. I, trac. 29. — *Conférences d'Angers sur le mariage*, p. 304.

canon exige que chacun des époux fasse profession de foi religieuse (1).

Les sévices sont une troisième cause de séparation. Elle est formellement reconnue par Innocent III (2). Les théologiens recommandent pourtant de ne l'admettre qu'avec prudence, et en tenant compte des habitudes et de la qualité des personnes.

DROIT BARBARE.

Chez les Germains, la femme ne pouvait divorcer. Bien plus, après la mort de son époux, elle ne devait jamais songer à se remarier. « Les jeunes filles, dit Tacite, ne reçoivent qu'un époux, comme elles n'ont qu'un corps et qu'une vie ; l'homme auquel elles s'unissent est le dernier terme de leurs pensées et de leurs désirs, et c'est le mariage plutôt que le mari qu'elles aiment en lui (3). » Tacite est moins explicite à l'égard du droit du divorce exercé par les hommes. Nous savons seulement que le principe de la monogamie était généralement accepté. Certains chefs avaient plusieurs femmes ; mais par politique et par ostentation, non par libertinage.

---

(1) In Décret. ; Tit. *de convers. conj.*

(2) Innocent III, cap. Litteras, XIII, *de Rest. spoliatorum, in fine.*

(3) Tacite, *Mœurs des Germains,* chap. XVIII.

Les lois barbares favorisaient le mari plus que la femme. Celles qui avaient ressenti plus directement l'influence romaine, établissaient une espèce d'égalité entre les époux ; mais les lois qui étaient plus complétement dégagées de l'élément romain, frappaient la femme d'une manière terrible.

Le Bréviaire d'Alaric, recueil de lois rédigé à l'usage des sujets romains de ce prince, la vingtième année de son règne, ne fait que reproduire à cet égard les dispositions du Code Théodosien.

La loi des Burgundes, titre XXXIV, condamne la femme qui répudiera son mari, à être tuée dans la boue. Quant au mari, par une disposition empruntée au Code Théodosien, il lui était permis de répudier sa femme pour maléfice, adultère et violation de tombeaux (1). Si le mari renvoyait sa femme sans motifs, il lui donnait l'équivalent de sa donation et douze sous à titre de peine. On voit l'indulgence de cette loi pour le mari, et de quelle manière elle punit la femme.

La lois des Bavarois s'exprimait ainsi : « Si un

---

(1) Nous avons en vain recherché quelques détails sur cette dernière cause de répudiation, admise si facilement par les rescrits impériaux. Les violations de sépulture étaient, paraît-il, bien fréquentes à Rome, mais quel était le but de ces profanations? Nous confessons notre ignorance complète à cet égard.

M. Victor Hugo en sait-il plus que nous, ou ne doit-il qu'à sa féconde imagination ce vers qu'il a écrit dans la Légende des Siècles :

» Les bourreaux s'accouplaient à des martyres mortes? »

homme libre renvoie sans cause et par haine sa
femme également libre, il donnera quarante-huit
sous à ses parents, et rendra à la femme sa dot
et tout ce qu'elle a apporté dans sa maison. (1). »

La loi des Allemands admet le divorce par consentement mutuel, et édicte des peines contre le
mari qui divorce sans cause (2).

La loi des Lombards décidait qu'un mari qui
avait divorcé sans cause et qui s'était remarié,
devait payer une composition de cinq cents sous,
dont la moitié revenait au roi, et l'autre aux parents
de la femme. Il perdait en outre son *mundium*. Si
la femme ne voulait pas rentrer chez son mari,
elle retournait chez ses parents avec tous ses biens
et tous ses droits.

Sous les premiers rois Francs, le divorce était
universellement reconnu : « L'histoire nous apprend,
dit Merlin, que Bissine ou Bazine quitta le roi de Thu-
ringe pour suivre Childéric, qui l'épousa. Caribert,
roi de Paris, répudia sa femme légitime. Audovère,
première femme légitime de Childéric, roi de Soissons,
fut chassée parce qu'elle avait tenu son propre enfant
sur les fonts du baptême. Charlemagne répudia sa
première femme parce qu'elle n'était pas chrétien-
ne (3). » Non seulement les premiers rois Francs usè-

---

(1) Lex Bajur, 7, 14, ı et ıı.
(2) Lex Alleman., ch. 29 et 30.
(3) Merlin, *Rép. de Jurispr.*, v. *Divorce*, section ııı, § 1.

rent du divorce, mais ils eurent encore un grand
nombre de femmes. « Ces mariages, dit Montesquieu,
étaient moins un témoignage d'incontinence qu'un
attribut de dignité : ç'eût été blesser les rois dans un
endroit bien tendre que de leur faire perdre une telle
prérogative (1). »

Nous trouvons dans le formulaire du moine Marculfe un acte de divorce qui prouve que la volonté
des époux suffisait pour rompre le mariage. Il est
ainsi conçu : « *Dum et inter illum et conjugem*
» *suam illam, non charitas secundum Deum, sed*
» *discordia regnat, et ob hoc pariter conversare*
» *minimè possunt : placuit utriusque voluntate, ut*
» *se a consortio separare deberent, quod ita et fece-*
» *runt. Propterea has epistolas inter se uno tenore*
» *conscriptas fieri, et adfirmare decreverunt : ut*
» *unusquisque ex ipsis, sive ad servitium Dei in*
» *monasterio, aut copulæ matrimonii sociare se vo-*
» *luerit, licentiam habeat, et nullam requisitionem*
« *ex hoc de parte proximi sui habere non de-*
» *beat* (2). » Le divorce était donc pratiqué, quoique
contraire à la doctrine de l'Eglise, qui le combattait
par l'excommunication.

Mais l'Eglise lutta avec une infatigable ardeur.
Dans un temps où les croyances religieuses étaient
naïves et fortes, les foudres de l'excommunication

---

(1) Montesquieu, *Esprit des Lois*, liv. 18, ch. xxiv.
(2) Marculfe, *Formul.*, pag. 159-160.

faisaient courber les têtes les plus puissantes. Il ne faut pas s'étonner si la loi civile peu à peu tendit à se confondre avec la loi religieuse.

Sous la deuxième race des rois de France, ce fait devint encore plus saillant. Pépin le Bref agit évidemment sous l'influence ecclésiastique, quand il rendit un Capitulaire qui abolissait le divorce, excepté toutefois pour cause d'adultère. « *Similiter constituimus ut nullus laïcus homo Deo sacratam feminam ad mulierem habeat, nec suam parentem ; nec, marito vivente, suam mulierem alius accipiat, nec mulier, vivente suo viro, alium accipiat, quia maritus mulierem suam non debet dimittere, exceptâ causâ fornicationis deprehensâ* (1).» C'était la loi de l'Evangile telle que l'avaient entendue Lactance et Saint Basile.

Dans un autre Capitulaire, Pépin sembla revenir sur ses pas, et admettre une autre cause de divorce. « Si une femme, dit-il, prétend que son mari n'a jamais cohabité avec elle, *qu'ils aillent ensemble à la croix*, et si cela est constaté comme vrai, qu'ils se séparent, et que la femme fasse ce qu'elle voudra. » Ce Capitulaire est doublement curieux ; d'abord en ce qu'il manifeste de la part de Pépin une tendance rétrograde, puis en ce sens, qu'il constate et confirme la procédure *du jugement de la croix*.

---

(1) Cap. *Suessionense*, 744, ix.

Charlemagne qui, au dire d'un grand nombre d'historiens, eut la gloire d'abolir le divorce dans ses états, ne fit donc que marcher dans la route que Pépin lui avait tracée.

Nous lisons dans un ses Capitulaires en date de 747 : « *Item in eodem (Concilio Africano) ut nec uxor a viro dimissa alium accipiat virum, vivente viro suo, nec vir aliam accipiat, vivente uxore priore.* » Charlemagne faisait ainsi prévaloir dans la loi civile l'opinion qui avait prévalu dans les conciles sur le sens du célèbre passage de Saint Mathieu. La loi civile copiait la loi religieuse.

L'Eglise eut pourtant à lutter encore avec les rois Capétiens pour faire triompher ses doctrines, et ses anathèmes allèrent quelquefois frapper les têtes couronnées.

Philippe Ier fut deux fois excommunié. On sait qu'il avait répudié la reine Berthe, sous un prétexte imaginaire de parenté, pour épouser Bertrade, la femme de Foulques d'Anjou.

Le pape Innocent III mit la France en interdit parce que Philippe-Auguste avait refusé de quitter la belle Agnès de Méranie qu'il avait épousée du vivant de sa femme légitime Ingeburge, injustement répudiée. Philippe-Auguste dut se soumettre.

Ce qui frappe dans cette longue lutte du clergé, lutte d'où est sortie cette pure législation du mariage, c'est l'énergie des pontifes. Il y avait alors dans les hommes qui occupaient le siège de Saint Pierre, une puissance de volonté, une opiniâtreté dans la poursuite du but qui doublaient leurs forces et assuraient le triomphe de leurs idées. Que serait-il arrivé, si ces rois barbares, mal déguisés sous la splendeur de la pourpre, si ces fiers seigneurs, fortifiés dans leurs châteaux et environnés de vassaux timides, n'avaient trouvé une digue dans l'autorité de l'Église ; si, au premier regard jeté sur une beauté nouvelle, à la première ardeur qui se serait réveillée dans leur cœur et leur aurait inspiré le dégoût de leur légitime épouse, ils n'avaient rencontré le souvenir toujours présent d'une autorité inflexible ! Ils pouvaient bien accabler un évêque de vexations, le faire taire par crainte ou promesses, extorquer les votes d'un concile particulier, se faire un parti par les menaces ou l'intrigue ; mais dans le lointain leur apparaissait le faîte du Vatican. Ils sentaient alors que la lutte la plus acharnée ne leur aurait jamais donné la victoire. Leurs intrigues, leurs supplications, tout se serait brisé contre cette réponse : *Un seul avec une seule, et pour toujours* (1).

_____

(1) Voir l'ouvrage de Balmès.

DROIT COUTUMIER.

Avec Saint Louis la royauté s'élève, la féodalité déchoit déjà. En même temps le droit se coordonne. Désormais une main plus puissante va le faire respecter. Les légistes apparaissent, hommes nouveaux avec lesquels la noblesse va bientôt avoir à compter. Le temps est venu où les barons ne sont plus assez redoutables pour n'avoir d'autre loi que leur bon plaisir.

Parcourons les monuments législatifs du règne de saint Louis.

Les *Établissements de saint Louis*, œuvre d'un légiste inconnu, ne traitent point de la séparation d'habitation. Il résulte cependant de cet ouvrage que, pour demander la séparation, la femme n'avait pas besoin d'être autorisée de son mari, parce qu'en cour d'Église elle pouvait toujours comparaître seule, soit comme demanderesse, soit comme défenderesse. En outre, l'adultère mis au nombre des causes de séparation entraînait quelquefois des déchéances.

Les *Assises de Jérusalem* attribuent exclusivement à l'Eglise la connaissance des causes où il s'agit de séparation. On y lit en effet : « Nulle cour ne se doit entremettre du fait de mariage, sinon sainte Iglise. »

L'indissolubilité du mariage est nettement proclamée :
« La loi et l'assise commande et dit que , puisque
l'ome et la feme se sont pris par mariage, ils ne
se peuvent partir aucun jour de leur vie, si ce n'est
par la mort, ou non. »

La théorie de la séparation d'habitation est développée dans Beaumanoir au chapitre LVII , intitulé
des Mautalens entre époux. On y trouve la séparation pour adultère , sévices, injures graves , entretien d'une concubine dans la maison commune,
crime du mari, absence du mari pendant 7 ans.
Autrefois ce dernier cas donnait naissance au divorce. « Mais, dit Beaumanoir , por les périx qui y
avinrent, si fu osté et fu confermé par sainte
église que nule feme mariée, por nul lonc tans
que ses maris demort, s'ele ne set certaines noveles
de mort ne se puist remarier, et s'éle remarie , tout li
enfant de tel mariage sont bastart et avoltre tant
soit que li premier mari ne reviegne jamès , ou qu'il
muire après ce que se femme a pris un autre. Car
puisque li mariage fut malves el commencement, il
ne pot jamès être bons (1). »

La séparation d'habitation entraîne la dissolution de
la communauté : les époux partagent les acquêts et
chacun d'eux reprend ses propres. Les enfants ont-
ils moins de sept ans? on les confie à la mère qui

---

(1) Cout. de Beauvoisis, cap. LVII, § 11.

reçoit du père la moitié de ce qui est nécessaire à
leurs besoins. Sont-ils au-dessus de cet âge? la
mère est chargée d'en élever la moitié , les autres
restent près du père.

L'influence puissante qu'exerça le droit romain
sur la législation de cette époque laissa donc intact
le principe de l'indissolubilité du mariage.

Au XIV⁰ siècle les principes professés par Beaumanoir se trouvent consacrés dans la *Somme rurale*
de Bouteillier. Nous y trouvons établie la séparation pour cause d'incrédulité : mais si l'époux infidèle retourne à la foi sainte , le mariage est rétabli.
La séparation pour cause d'adultère s'y trouve aussi
constituée. La femme peut encore obtenir la séparation pour entretien d'une concubine *dans l'hostel
où le mari repaire.* « Mais , dit Bouteillier , sachez
qu'il n'y chet divorce perpétuel (1). »

C'est à cette époque que les évêques instituèrent
des officiaux chargés de juger les affaires portées
devant les tribunaux ecclésiastiques. Toutefois les
officialités ne connurent pas d'abord des causes
majeures comme celles qui concernaient le mariage
et la séparation : à cause de leur gravité , elles devaient être jugées par les évêques eux-mêmes.

Au quinzième et au seizième siècle eut lieu la
rédaction des coutumes. Les règles admises en ma-

---

(1) Bouteillier, *Somme rurale* , liv. II, tit. 8.

tière de mariage n'en reçurent aucune atteinte.
Mais, dans le même temps, Luther dépouillant le
mariage du sceau sacramentel pour le réduire à
l'état de simple contrat civil, l'abaissant au niveau
de l'atmosphère agitée des passions et proclamant
la légitimité du divorce, faillit renverser l'édifice si
laborieusement élevé par de longs siècles de sagesse
et d'héroïque persévérance.

L'Allemagne se laissa envahir.

La France, cependant, fidèle à la voix de
l'Eglise, respecta l'ancienne organisation qu'elle
avait donnée à la famille. « Les mariages, disait
Loysel, se font au ciel et se consomment en la
terre. »

Lorsque la séparation d'habitation avait été prononcée en cour d'Eglise, une demande en séparation de biens était portée devant le juge civil; la
communauté était dissoute. Dans les pays de droit
civil, la femme reprenait sa dot après la séparation.

Selon la coutume de Bretagne, la femme perdait
son douaire, quand, au moment de la mort du
mari, elle ne cohabitait pas avec lui; à moins cependant que le mari n'eût refusé de la recevoir. Cependant, si elle était partie pour se livrer à l'inconduite, le mari pouvait refuser de la recevoir, et
la femme n'en perdait pas moins son douaire.

Selon la coutume de Normandie, la femme qui
avait abandonné son mari sans motif, ou avait

commis une faute entraînant la séparation était condamnée à la perte de son douaire.

L'Église fut seule jusqu'au dix-septième siècle,
juge des séparations de corps. C'était en cour ecclésiastique seulement qu'étaient portées les demandes en séparation.

Les parlements ne supportèrent pas longtemps
ce qu'ils considéraient comme une usurpation. Au
moyen des appels comme d'abus, ils cherchaient depuis longtemps à attirer vers eux toutes les causes
ecclésiastiques. Si leurs prétentions n'étaient pas toujours fondées, du moins faut-il reconnaître qu'ils ne
revendiquaient pas sans raison la connaissance des
demandes en séparation d'habitation.

En effet la séparation de corps entraîne la séparation de biens. Or les juges civils sont seuls compétents pour décider les questions relatives aux biens.
Puisque les cours ecclésiastiques ne pouvaient connaître de la demande en séparation de biens, conséquence de la demande en séparation de corps,
il était logique que les deux sortes de demandes
fussent portées devant les juges civils. Le clergé
résista. Il invoqua les dispositions du Concile d'Agde
et une constitution du pape Alexandre II qui défendaient aux maris de quitter leurs femmes sans
avoir soumis aux évêques les motifs de cet abandon.

Le clergé triompha d'abord. Une ordonnance de
Henri IV en date de 1603 lui donna gain de cause.

Mais les parlements ne se tinrent pas pour battus. Leurs réclamations ne furent pourtant pas écoutées et l'édit de 1639 rendu par Louis XIII fut une nouvelle victoire pour le clergé. Cet édit défendait formellement aux juges laïques de prendre connaissance des causes relatives à la séparation d'habitation.

Louis XIV renouvela en 1695 les règlements de ses prédécesseurs sur la juridiction contentieuse ecclésiastique.

Les jurisconsultes étaient alors partagés sur la question de compétence en matière de séparation. Les uns, comme d'Argentré et Coquille, voulaient que le juge ecclésiastique connût de la séparation d'habitation et le juge laïque de la séparation de biens. D'autres, au nombre desquels il faut ranger Dumoulin et Baquet, voulaient au contraire que le magistrat civil connût à la fois de la demande en séparation d'habitation et de la demande en séparation de biens.

La question fut enfin résolue à la satisfaction des parlements. Il fut décidé que la séparation de corps, étant intimement liée au mariage, dépendrait de la juridiction ecclésiastique, *quand aucun intérêt temporel ne serait en jeu.* C'était retirer à l'Eglise la connaissance de presque toutes les demandes en séparation.

En cour ecclésiastique, comme en cour laïque, la procédure en séparation était soumise aux règles

tracées par l'ordonnance de 1667. L'affaire devait
être instruite par voie civile, et non par voie criminelle : c'est ce qui résulte de deux arrêts, l'un
de 1636, l'autre de 1664, faisant défense aux lieu-
tenants criminels de Tours et de Paris de connaître
de pareilles demandes. Si la séparation était prononcée pour adultère, l'époux coupable était condamné à faire aux pauvres une aumône déterminée,
à jeûner, certains jours de la semaine, et à réciter,
ces jours-là, à genoux, les sept psaumes de la
pénitence. L'adultère entraînait en outre des peines
auxquelles les juges criminels avaient seuls droit
de condamner.

Au 18ᵉ siècle l'église fut entièrement dépouillée
des rares attributions contentieuses qui lui restaient
encore en matière de séparation. Les jurisconsultes
étaient unanimes pour décider que la séparation de
corps était toujours de la compétence des juges civils.

Les causes de séparation reconnues par Pothier
sont, pour la femme : les mauvais traitements, les
injures graves en général ; l'accusation d'un crime
capital intentée calomnieusement par le mari (1).
L'adultère du mari, la communication du mal vénérien,
aucune maladie contagieuse, la folie elle-même ne
pouvaient, dans l'opinion de Pothier, motiver une
demande en séparation (2).

---

(1) Pothier, *Traité du mariage*, § 509 et suiv.
(2) Pothier, *ibid.*, § 514 et suiv.

D'après le même auteur le mari peut demander
la séparation pour cause d'adultère de sa femme,
mais il ne mentionne point les excès et les sévices
parmi les causes qui permettaient au mari de se
séparer de sa femme. Cependant plusieurs auteurs
enseignaient qu'il avait ce droit lorsqu'elle avait
attenté à sa vie. Ils le lui accordaient aussi dans
le cas où elle l'avait impliqué dans une accusation
capitale.

La séparation volontaire était interdite. Plusieurs
arrêts du parlement de Provence défendaient aux
notaires sous des peines très-sévères de recevoir
des contrats de cette nature.

La séparation d'habitation obtenue par la femme,
la déchargeait de l'obligation qu'elle avait contrac-
tée par le mariage, de demeurer avec son mari
et de lui rendre le devoir conjugal. La séparation
d'habitation emportait avec elle celle des biens ;
elle faisait perdre au mari le droit qu'il avait sur
les biens de sa femme, qui pouvait en conséquence
le poursuivre pour la restitution de sa dot. Lorsqu'il
y avait communauté de biens la séparation d'habitation en opérait la dissolution (1).

La loi civile se montrait très-sévère dans la répression de l'adultère de la femme. « La peine, dit
Pothier, qui est en usage dans notre droit contre la

---

(1) Pothier, *Traité du Mariage*, § 522.

femme convaincue d'adultère est la réclusion dans un monastère où son mari peut la voir et la visiter, et au bout de deux ans l'en faire sortir pour la reprendre et la recevoir chez lui ; sinon , ledit temps passé , faute par son mari de la reprendre , elle doit être rasée et rester dans ledit couvent le reste de ses jours. On la déclare en outre déchue de ses dot, douaire et conventions matrimoniales. C'est la jurisprudence des arrêts rendus sur cette matière qui a été suivie récemment par un arrêt du 3 juin 1766, rendu contre la nommée Marie-Catherine Broquin, femme du nommé Jacques Cagé (1). »

Les peines portées contre le complice de la femme adultère étaient également très-sévères. Pothier rapporte que le complice de la femme Cagé fut condamné à un bannissement de 3 ans.

Le divorce, n'était point permis en France aux protestants. M. de Bonald, dans son ouvrage sur le divorce au XIXᵉ siècle , cite le fait suivant , extrait par lui du Journal de Jurisprudence de Lebrun. « T. Gontier et Jacquette Pourceau , mari et femme, » après une séparation volontaire, se marièrent » chacun de leur côté. Le gouverneur de la Rochelle » les condamna à être exposés pendant deux heures » devant le Palais, chacun attaché à un collier, » l'homme avec deux quenouilles, la femme avec

---

(1) Pothier, *ibid.*, § 527.

» deux chapeaux. Il leur fut enjoint de retourner
» ensemble, et défendu d'habiter ni de se remarier
» avec d'autres sous peine de la vie. Cette sentence
» fut confirmée par arrêt donné à la chambre de
» l'édit le 23 novembre 1606. Et ce jugement,
» ajoute l'arrêtiste, fut ainsi modéré, attendu que
» les accusés étaient de la religion prétendue ré-
» formée. » Ainsi la bigamie, punie par la loi d'une
peine capitale, paraissait presque excusable chez
des hommes dont la religion admettait la dissolution
du lien conjugal.

Merlin défendait le système qui refusait aux protestants le droit de dissoudre leur mariage par le
divorce. De deux choses l'une : ou leurs mariages
étaient revêtus des formes prescrites par les lois du
royaume, ou ils ne l'étaient pas. L'étaient-ils ? les
lois qui avaient uni les époux pouvaient seules
régler la manière de les désunir. Or la loi française
proclamait que leurs liens était indissolubles. Donc
ils ne pouvaient les rompre. S'étaient-ils mariés
sans observer les formes légales ? Ou leurs mariages
étaient considérés comme nuls, ou bien on leur
faisait produire les mêmes effets que s'ils avaient
été contractés publiquement devant l'Eglise. Dans
le premier cas, il ne pouvait être question de divorce, car on ne sépare pas ce qui n'a point été
uni. Dans le second, le mariage devait produire
tous ses effets, et par conséquent obliger les époux

à en supporter les liens pendant toute la durée de leur vie (1).

Nous devons signaler ce fait important que, dans notre ancienne monarchie, le divorce était toléré chez les Juifs.

Un grand nombre de Juifs habitaient l'Espagne et y possédaient des richesses considérables, lorsque Isabelle sollicita et obtint l'établissement de l'Inquisition. Persécutés dans les lieux où ils avaient été jusque-là protégés, ils se réfugièrent en Allemagne, en Angleterre, en France ou en Italie. Henri II les reçut sans condition et leur accorda en 1550 des lettres patentes, renouvelées en 1575 par Henri III et confirmées en 1676 par Louis XIV.

Reçus sans condition, les Juifs apportèrent en France leurs usages. Leurs mariages avaient lieu d'après leurs lois et ils pouvaient être dissous en vertu de ces mêmes lois. Or leurs lois toléraient le divorce.

Merlin cite un arrêt du parlement de Bordeaux, rendu entre parties juives, lequel fut rendu exécutoire bien que contraire au principe de la législation française. L'espèce est curieuse et mérite d'être rapportée. Un usage juif prescrit aux frères d'un mari mort sans enfants d'épouser la veuve. S'il n'a pas satisfait à cet usage, il est condamné à s'asseoir sur une pierre

---

(1) Merlin; *Rép. de Jurispr.*, vo *Divorce*.

à la porte de la ville ; là, en présence des vieillards, la belle-sœur dédaignée doit lui ôter ignominieusement son soulier et lui cracher au visage. Le parlement de Bordeaux condamna le frère qui, d'après la loi juive, avait encouru ce châtiment, à le subir. Le parlement alla jusqu'à prononcer la contrainte par corps (1).

Merlin cite encore une décision du Chatelet de Paris, en date de 1779, par laquelle deux époux, juifs portugais, sont renvoyés devant deux rabbins de la même religion et du même pays pour remplir les formalités exigées par la loi juive pour la dissolution du mariage (2).

Ainsi sauf l'exception faite en faveur des Juifs la doctrine de l'indissolubilité du mariage si vigoureusement défendue par les papes avait fini par prévaloir.

Quand éclata notre grande révolution, si l'église n'avait plus la connaissance des demandes en séparation, du moins le droit civil reconnaissait-il les principes du droit canon. Sauf quelques différences insignifiantes le juge laïque appliquait le droit qu'aurait appliqué lui-même le juge ecclésiastique.

---

(1) Merlin ; *Rép. de Jurispr.*, v° *Divorce*
(2) *Id. ; ibid.*

DROIT RÉVOLUTIONNAIRE.

La loi du 20 sept. 1792 détruisit, pour un temps, la législation qu'avait fait prévaloir l'église. La séparation de corps avait été le droit commun, elle fut proscrite comme toutes les institutions qui avaient le tort d'appartenir à un régime condamné. Le mariage fut considéré à un point de vue purement civil, et fut régi uniquement par la loi civile qui en régla les formes, les empêchements, les nullités, les modes de dissolution. Le divorce fut la seule ressource offerte aux époux malheureux.

Sous l'empire de la loi de 1792 le divorce pouvait avoir lieu ou par le consentement mutuel des époux, ou sur la simple allégation par l'un d'eux d'incompatibilité d'humeur et de caractère, ou enfin pour causes déterminées. Ces causes étaient : la démence, la folie, la fureur de l'un des époux, la condamnation de l'un d'eux à une peine afflictive et infamante ; les crimes, sévices ou injures graves de l'un des conjoints envers l'autre, l'abandon de la femme par le mari ou du mari par la femme pendant deux ans au moins ; le dérèglement de mœurs notoire ; l'absence de l'un des époux sans nouvelles au moins pendant cinq ans ; l'émigration dans les cas prévus par les lois, et notamment par le décret du 8 avril 1792.

Les abus naquirent bientôt. Des hommes tramaient d'odieuses intrigues afin d'avoir un prétexte d'accuser d'adultère leurs épouses innocentes. Des militaires, des fonctionnaires ambulants séduisaient et épousaient successivement plusieurs femmes, sans avoir divorcé avec les premières. Les femmes, de leur côté, abusaient singulièrement du divorce. Ainsi, à Paris, dans le mois de pluviôse an III, sur deux cent vingt-trois divorces, deux cent cinq furent demandés par des femmes, sous prétexte d'incompatibilité d'humeur ou de caractère.

Hâtons-nous de le dire, cette contagion n'avait pas gagné la province. Quand le projet de code civil fut élaboré, l'opinion publique s'élevait fortement contre la licence du divorce. Dans la plupart des départements, on le considérait comme un scandale, que l'on rejetait avec mépris. Dans quelques-uns, on n'en avait pas usé. Aussi, un certain nombre de tribunaux, entre autres les tribunaux d'appel de Nîmes et de Montpellier, le repoussaient-ils énergiquement. D'autres demandaient qu'on le modifiât. Deux seulement l'admettaient dans sa plus grande étendue.

CODE NAPOLÉON.

Le 14 vendémiaire an X (6 octobre 1801) s'ouvrit devant le Conseil d'État la discussion du projet de loi sur le divorce. M. Portalis le soutint au nom de la section de législation. Le principe du divorce fut voté. Des difficultés s'élevèrent sur le point de savoir s'il serait admis par consentement mutuel et pour incompatibilité d'humeur. Le Premier Consul se montrait facile pour dissoudre le mariage. Il ne comprenait pas que l'on pût réduire à l'alternative de vivre ensemble ou de se séparer avec éclat, deux époux unis l'un à l'autre, à un âge peut-être où ils n'auraient pu disposer de leurs biens. Il songeait aux mariages imposés par la famille, et voulait ménager, dès le moment où cessait l'illusion, une ressource à l'époux dont la volonté avait été captée.

Cependant l'incompatibilité d'humeur fut repoussée. Le législateur, en admettant le divorce, reconnaissait qu'en lui même ce ne pouvait être un bien, mais seulement le remède d'un mal. Il ne voulut pas lui conserver toute l'extension que lui avaient donnée les hardis novateurs de 1792.

Adultère de la femme, adultère du mari qui entretient une concubine dans la maison commune, excès, sévices et injures graves, condamnation de l'un des époux à une peine infamante, enfin, consentement mutuel entouré de conditions et de formalités: telles furent les seules causes de divorce. On voulait, d'après M. Treilhard, vendre si chèrement le divorce, qu'il ne pût y avoir que ceux auxquels il serait absolument nécessaire qui fussent tentés de l'acheter.

La plupart des tribunaux avaient réclamé la séparation de corps : elle était le vœu de la grande majorité du peuple. On la proposa au corps législatif pour ceux dont la croyance repousserait le divorce. Elle fut admise, mais traitée avec dédain, puisqu'après s'être complaisamment étendu sur le divorce dans soixante-dix-sept articles, le législateur ne lui en consacrait que six.

Le 20 brumaire an XI (11 Nov. 1802) le Conseil d'Etat adopta la rédaction définitive du projet.

Présenté au corps législatif le 18 ventôse de la même année, le projet fut officiellement communiqué au Tribunat deux jours après.

Le 28, le Tribunat émit le vœu d'adoption à la majorité de 46 voix contre 19.

Enfin le 30, le corps législatif convertit le projet en loi, à la majorité de 188 voix contre 31.

Cette loi a été la loi de la France jusqu'au 8 mai 1816.

DROIT COMPARÉ.

Il nous reste maintenant à jeter un coup d'œil sur les législations étrangères. Le divorce n'a pas entièrement disparu, et cela ne doit point étonner si l'on songe que la plupart des religions répandues en Europe n'admettent pas d'une manière absolue l'indissolubilité du lien conjugal. Dans les pays où la religion catholique domine, dans ceux surtout où elle est presque exclusivement professée, le divorce est prohibé. Ainsi la séparation de corps est seule permise par la loi Bavaroise, par la loi Piémontaise, par la loi de l'ex-royaume des Deux-Siciles. Au contraire le Code Prussien, le Code du Canton de Vaud, par exemple, permettent le divorce.

Le Code Autrichien présente une particularité remarquable. Il défend ou permet le divorce selon que les époux sont ou ne sont pas catholiques.

Pour les époux catholiques la séparation de corps est seule autorisée (1). Les époux non catholiques peuvent demander la dissolution de leur mariage conformément à leurs croyances religieuses (2). Selon le même code un époux non catholique peut demander la dissolution de son mariage si son conjoint n'a embrassé le catholicisme que postérieurement à la célébration du mariage.

Cette loi nous paraît médiocrement bonne. Elle intervient en effet d'une manière plus ou moins directe dans un ordre d'idées et de faits qui sont

---

(1) Code Autrichien; art. 103 et suiv.

(2) Code Autrichien, art. 115 et suiv.

uniquement du ressort de la conscience. Nous préférons une législation qui laisserait à chacun une entière indépendance à cet égard. Placé au centre de toutes les opinions, le gouvernement leur droit une protection commune. Nous lui dénions énergiquement le droit de demander à un citoyen une profession de foi religieuse publique et certaine. La loi doit être la même pour les hommes de toutes les opinions. La masse de ces opinions forme une conscience publique qu'un gouvernement doit avant tout écouter.

Une législation qui a long-temps régi l'Angleterre distinguait : 1° le divorce abrolu *a vinculo matrimonii*, pour cause antérieure au mariage. C'était à proprement parler l'annulation du mariage dans le sens des articles 180 à 202 du Code Napoléon ; 2° Le divorce *a thoro et mensâ*, qui répond à notre séparation de corps.

Certaines causes postérieures au mariage et notamment l'adultère, avaient fini par rendre admissible le divorce *a vinculo matrimonii*.

Toutefois en ce cas un acte du parlement était nécessaire (1).

Une loi récente a rendu le divorce plus accessible à la masse des citoyens anglais, mais il paraît que

---

(1) Blackstone, *Comment. sur les lois anglaises*, T. 2; liv. I, ch. 7.

le clergé anglican contrarie l'exécution de cette loi par une opposition hostile.

Il n'entre pas dans notre cadre d'examiner pour quelles causes le divorce peut être prononcé d'après les diverses législations de l'Europe.

Cependant les dispositions du Code Prussien à cet égard nous paraissent mériter une mention spéciale. Nous allons les parcourir rapidement. D'après les articles 668 et suivants de ce code, le divorce peut être prononcé : 1° pour le fait d'adultère de l'un ou de l'autre des époux sans distinction. Cependant l'adultère du mari ne peut servir de fin de non-recevoir à la femme pour repousser la demande en divorce intentée contre elle par le mari pour cause d'adultère ; 2° lorsqu'il y a suspicion légitime d'adultère ; 3° pour abandon de l'un des époux *malo animo* ; 4° pour des vices contre nature ; 5° lorsque la femme refuse de suivre son mari dans le nouveau domicile qu'il a choisi ; 6° quand un des époux se refuse avec obstination à remplir les devoirs conjugaux ; 7° pour cause d'impuissance ; 8° pour démence, lorsqu'elle a duré plus d'une année et qu'il n'y a pas d'espoir de guérison ; 9° pour excès, sévices ou injures graves, eu égard au rang social des époux ; 10° quand un des époux a été condamné à une peine infamante ; 11° pour dissipation ou prodigalité ; 12° lorsque le mari refuse de donner des aliments à sa femme ; 3° lorsque

l'un des époux change de religion ; 14° par consentement mutuel (1).

On voit par cette énumération combien le Code
Prussien est facile dans l'admission des causes sus-
ceptibles de rompre la société conjugale.

Il faut le dire pourtant, à l'honneur de la nation
Prussienne, cette liberté n'a point dégénéré, comme
on aurait pu le craindre, en abus scandaleux. Néan-
moins il est évident que même en admettant le principe du divorce, c'est aller trop loin que de pénétrer
les mystères de la couche nuptiale. Sans parler en
effet de la grave atteinte que peut porter aux mœurs
une demande en divorce fondée sur l'impuissance
ou le refus de remplir le devoir conjugal, comment
obtenir, en pareille matière, des preuves qui sa-
tisfassent la conscience des juges ?

---

(1) Anthoine de Saint-Joseph ; *Concordances des Codes.*

DES CAUSES ET DES EFFETS

DE LA SÉPARATION DE CORPS.

PREMIÈRE PARTIE.

DES CAUSES DE LA SÉPARATION DE CORPS.

Notre code a déterminé limitativement trois causes de séparation de corps :

1° L'adultère ;

2° Les excès, sévices ou injures graves ;

3° La condamnation de l'un des époux à une peine infamante.

L'ordre et la division du code seront aussi les nôtres. Cette première partie aura donc trois chapitres, expliquant les trois causes de séparation reconnues par nos lois.

CHAPITRE I.

————

L'art. 229 du Code Nap. est ainsi conçu :

« Le mari pourra demander le divorce pour cause d'adultère de sa femme. »

Or, l'art. 306 permet aux époux de demander la séparation de corps dans le cas où il y a lieu à la demande en divorce pour cause déterminée. Il résulte de la combinaison de ces deux articles que l'adultère de la femme est toujours pour le mari une cause de séparation. Peu importe le lieu où il a été commis ; peu importe qu'il s'agisse d'une faute accidentelle, ou de relations longtemps prolongées.

L'art. 230 porte que la femme pourra demander le divorce pour cause d'adultère de son mari, lorsqu'il aura tenu sa concubine dans la maison commune. L'art. 306 permettant d'appliquer à la séparation de corps ce que l'article 230 applique au divorce, il en résulte que tandis que l'adultère de la femme est, en tout cas, une cause de séparation, celui du mari ne peut être invoqué dans le même but, par la femme, que dans un cas unique, le cas où il a tenu sa concubine dans la maison commune.

Beaumarchais a dit dans le mariage de Figaro:

> Qu'un mari sa foi trahisse,
> Il s'en vante et chacun rit
> Que sa femme ait un caprice,
> S'il l'accuse, on la punit.
> De cette absurde injustice
> Faut-il dire le pourquoi?
> Les plus forts ont fait la loi.

Beaumarchais a raison, au point de vue de la morale. Sa plaisanterie est plus sérieuse au fond qu'elle ne le paraît et ses vers remettent en mémoire celui de Juvénal:

> Dat veniam corvis, vexat censura columbas.

Le grave Montesquieu, se plaçant à un point de vue législatif, est moins moral que notre grand comique quand il dit: « Les lois politiques et civiles de presque tous les peuples ont exigé des femmes un degré de retenue et de continence qu'elles n'exigent point des hommes, parce que la violation de la pudeur suppose dans les femmes un renoncement à toutes les vertus; parce que la femme, en violant les lois du mariage, sort de l'état de sa dépendance naturelle, parce que l'infidélité des femmes est marquée par des signes certains : outre que les enfants adultérins de la femme sont nécessairement au mari, ou à la charge du mari, au lieu que les enfants adultérins du mari ne sont pas à la femme ni à la charge de la femme (1) ».

De toutes ces considérations , présentées par l'illustre président à mortier, la dernière nous paraît la seule vraie. L'adultère de la femme introduit dans la famille des enfants étrangers. Voilà pourquoi l'adultère de la femme est plus grave que celui du mari ! Voilà pourquoi la loi doit le punir partout et toujours ! Quant aux autres considérations, l'état de nos mœurs, je me trompe, de nos préjugés, peut leur donner du poids. Mais la pure morale ne saurait les accepter.

Faut-il dire pourtant que notre loi est trop sévère pour l'écart de la femme , trop indulgente pour les débordements du mari ? Peut-être , hélas ! cette opinion pourrait-elle être soutenue , dans son double principe ; mais, encore une fois, c'est une loi évidemment bonne, eu égard à la société qu'elle régit.

Nous n'avons rien à dire de l'adultère de la femme. Une fois qu'il est prouvé, la séparation doit être prononcée. Il ne peut donc y avoir contestation sur ce point. La loi est formelle. Son texte est clair. Son esprit ne l'est pas moins.

Mais quand l'adultère du mari rentre-t-il sous l'application de l'art. 230 du Code Nap. ? La question paraît simple. L'article cité semble y répondre péremp-

---

(1) Montesquieu; *Esprit des Lois;* liv. 26; ch. VIII.

toirement. Elle a pourtant soulevé de graves difficultés, provoqué de savantes controverses. Nous
tâcherons, quant à nous, de déterminer d'abord
d'une manière précise quel est le sens de ce fameux
article 230.

Le dernier membre de phrase de l'art. 230 ap-
pelle seul l'attention et la controverse : « Lorsqu'il
aura tenu sa concubine dans la maison commune. »

Comparons-le d'abord avec l'art. 339 du Code
Pénal : « Le mari qui aura entretenu une concubine
dans la maison conjugale et qui aura été convaincu
sur la plainte de la femme, sera puni d'une amende
de 100 à 2,000 fr. »

Ainsi le Code Nap. prononce la séparation lorsque le mari a *tenu*, et le Code Pénal prononce
l'amende lorsqu'il a *entretenu* sa (ou une) concubine
dans la maison *commune* (le Code Pénal dit *conjugale*,
mais l'on s'accorde à décider que ces deux mots
sont synonymes).

Nous concluons d'abord de ces expressions *tenir*,
entretenir, que des faits accidentels, répétés de
loin en loin, fût-ce avec la même personne, ne
suffiraient pas pour que la femme put faire prononcer une séparation de corps fondée sur l'art.
230 du Code Nap. Les expressions précitées sup-
posent nécessairement l'habitude. Si les faits n'ont
point été habituels, point de recours pour la femme !
Elle n'aura probablement d'autre ressource que de

cacher sa honte et de tâcher de l'oublier. Le système de réciprocité est violé, cruellement sans
doute, mais *lex dura*, *lex tamen*.

Nous concluons, en second lieu, que des adultères fréquemment répétés, mais avec des personnes
différentes, ne motiveraient pas davantage une demande en séparation, s'étayant sur l'art. 230. Ce
n'est pas à dire que nous refusions une satisfaction
légitime à l'épouse sacrifiée. Loin de nous cette
pensée. La loi ne lui fait pas le droit assez large
pour que nous voulions le restreindre encore. L'art.
231 peut être une porte qui ouvrira à la femme
de l'adultère la voie de la séparation; mais l'art.
230, nous le répétons, ne nous semble pas autoriser, dans ce cas, la demande de la femme. Ces
mots *tenir*, *entretenir* ne peuvent s'appliquer à
aucune des personnes que le mari aura introduites
sous le toit conjugal, si chacune d'elles n'y est
venue qu'une fois. Et d'ailleurs remarquons que la
loi parle d'une *concubine, sa concubine*, dit le texte
du Code Nap., en ajoutant au nom commun l'ad-
jectif possessif. Or, un fait d'adultère isolé ne peut
autoriser à dire de la personne avec laquelle il a
été commis, qu'elle est la *concubine* du mari, *sa
concubine*. Ce terme ne viendra jamais à la pensée.
Il suppose nécessairement la fréquence des relations, la continuité de l'adultère avec une même
personne. Qu'on nous excuse d'insister sur ce point:

c'est du sens que l'on attache à ces mots que dé-
pendra le succès de la demande en séparation.

Si l'on n'entend pas comme nous les mots : *a entretenu sa concubine*, les conséquences seront op-
posées aux nôtres, et l'on admettra la demande
en séparation pour cause d'adultère du mari dans
des cas ou nous l'aurions refusée.

Résumons. L'art. 230 n'est applicable, selon nous,
qu'au cas où ces deux circonstances se rencontrent:

1° Fréquence et continuité dans les relations.

2° Même complice.

Nous interprétons ainsi les mots *entretenir sa
concubine*; mais quel sens attacher aux quelques
syllabes qui suivent : *dans la maison commune?*
Qu'est-ce que la *maison commune* la *maison conjugale?*

Question simple en apparence, énigme en réalité. Verra-t-on la maison commune dans la ferme
qui appartient à la communauté, mais loin de laquelle les époux ont leur résidence ou leur domicile légal? Sera-ce, quand les époux ne possèdent
point la maison qu'ils habitent, un des étages qu'ils
n'habitent pas? Sera-ce un de ces étages, s'ils sont
propriétaires de la maison? Appellera-t-on la maison
conjugale l'hôtel où le mari a loué une chambre mais
qu'il n'habite que passagèrement? A quels caractères
reconnaîtra-t-on la maison commune? Quels signes
juridiques nous la montrent et la constituent? Il n'est
pas aisé de résoudre toutes ces questions; mais il

ne sera pas téméraire d'essayer de répondre à quelques-unes.

Et d'abord pénétrons la pensée de la loi.

Pourquoi l'adultère du mari, commis dans la maison commune, est-il alors tellement grave, aux yeux du législatenr, qu'il punisse cet adultère, et innocente, au moins en morale juridique (triste morale souvent) tous les autres genres d'adultère?

N'est-ce pas parce que le mari a bravé et humilié sa femme, dans une maison où elle doit être seule maîtresse, seule respectée? parce que les enfants ont été les témoins, peut-être, d'un scandale donné par celui qui ne devait leur offrir que des exemples, partout et toujours? La famille est un sanctuaire, il l'a profané! La pureté, la vertu, sont les conditions essentielles du bonheur intérieur; il trouble ce bonheur en introduisant le vice sous ce toit vénérable! Malheur à lui! Il est bien profondément vicieux l'homme qui affiche son vice devant les êtres qu'il devrait le plus respecter au monde; devant la femme à qui il doit ses enfants, devant ses enfants qu'il doit à la société, puisque la société lui en a confié la garde et la surveillance! La loi n'est pas trop sévère pour lui. Il peut trop souvent lui échapper. Mais qu'il nous soit permis d'exprimer un vœu! Quand les tribunaux jugent une demande en séparation de corps fondée sur l'adultère du mari, si la conscience des juges ne leur permet pas d'appliquer l'art. 230, qu'ils voient, qu'ils n'hésitent pas alors à voir, dans la plupart des cas, une injure grave! Qu'ils appliquent l'art. 231 ! Presque toujours ils auront raison en droit, toujours en morale.

La maison commune doit s'entendre, selon nous, des appartements, des lieux occupés par les époux, dont ils ont fait leur logement, leur intérieur. C'est l'endroit où chacun des époux peut se dire chez soi, dans lequel il peut pénétrer, duquel il peut sortir à toute heure.

Parcourons quelques espèces,

Les époux occupent la maison toute entière et ses dépendances. La maison toute entière, chacune de ses dépendances seront la maison commune (1). M. Demolombe voit aussi la maison commune dans le pavillon placé au bout du jardin attenant à cette maison (2). Nous croyons que cette solution pourrait souvent être admise, mais les circonstances de fait, pourraient souvent aussi, selon nous, la faire repousser.

Les époux habitent un château attenant à une ferme, et le mari entretient des relations coupables avec la fille de son fermier. *Quid?* M. Demolombe ne voit dans ce cas la maison commune que si le château et la ferme sont contigus et ne forment point des édifices distincts (3).

---

(1) Besançon, 9 avril 1808 ; Lanchet. D. *Rec. Alph.*, t. II, p. 893.
(2) Demolombe; t. IV, p. 472.
(3) Demolombe; *ibid.*

La concubine est logée sous le même toit que les époux , mais elle habite un autre étage. Mettez-là au même étage , mais porte à porte. Sera-t-elle alors dans la maison commune? Non , car elle n'est point dans le logement des époux , dans leur intérieur. Qu'y a-t-il de commun, à Paris surtout , entre les locataires de l'entresol et ceux du cinquième? Rien, si ce n'est l'escalier. Mais qu'est-ce que l'escalier? C'est une rue, une rue où l'on peut rencontrer chaque individu de cette foule qui marche sur le pavé. Assurément l'escalier ne fait pas partie de l'intérieur d'une famille. D'ailleurs la femme a le droit de s'établir dans toute maison qui peut être appelée maison commune ; or , aurait-elle le droit de s'installer dans l'appartement de sa concubine? — Mais ces deux femmes, vous admettez donc qu'elles pourront se rencontrer à tout moment? — Oui, nous l'admettrons, parce que le texte de la loi ne nous permet pas de ne pas l'admettre. Nous dirons même que le scandale est ici moins grand que si la concubine du mari avait ses fenêtres dans la maison faisant face à la maison conjugale. Je vous propose l'exemple du plus grand scandale. Depuis l'appartement conjugal, la femme , l'épouse, peut voir de l'autre côté de la rue son mari qui se montre cyniquement à tous les yeux. Les enfants, les domestiques peuvent être les témoins de cette inconduite. Prétendrez-vous que l'adultère est moins

coupable que si le mari avait entretenu sa concubine dans la maison commune? Non, assurément.
Eh bien! l'art. 230 ne peut ici offrir aucun secours
à la femme. Dans l'un comme dans l'autre cas, elle
ne peut s'appuyer que sur l'art. 231.

M. Marcadé enseigne que c'est le mari lui-même
qui doit avoir attiré d'abord la concubine au domicile conjugal, ou du moins l'y avoir retenue
ensuite. Il suppose, par exemple, que la femme
a choisi seule, et très-librement, une servante. Des
rapports illicites s'établissent ensuite entre elle et
le mari. Est-ce là une cause de séparation?

Oui, répond M. Marcadé, si la femme, voulant
chasser cette fille, le mari s'y est opposé; non
dans le cas contraire parce qu'on ne peut pas dire
qu'alors le mari ait *tenu* sa concubine dans la
maison commune.

Nous n'admettons pas cette distinction. Nous répondons affirmativement dans les deux cas; notre
manière de voir est d'ailleurs partagée par M. Demolombe, qui n'interprète pas le mot *tenu* dans le
même sens que M. Marcadé (1).

La femme qui n'habite pas elle-même la maison
dans laquelle le mari demeure avec sa concubine
peut elle demander la séparation pour cause d'a-
dultère ?

---

(1) Demolombe; t. IV, p. 474.

Ici encore, nous associant à l'opinion du savant
doyen de la faculté de Caen (2), nous répondrons
oui, sans hésiter. Partout, en effet, où le mari
habite et réside, la femme est obligée d'habiter et
de résider avec lui, de même que le mari est obligé
de la recevoir. Eh bien ! Cette maison où demeure
le mari n'en est pas moins la maison commune,
puisque la femme aurait le droit de s'y faire recevoir. Regardez bien, dirons-nous avec M. Demolombe; pourquoi la femme ne demeure-t-elle
pas dans la maison où le mari entretient sa concubine ? N'est-ce pas peut-être parce que le mari
a abandonné sa femme pour aller vivre ailleurs ?
Certes l'abandon ne sera pas un motif d'excuse.
Peut-être aussi la femme a-t-elle été chassée par
son mari, s'est-elle retirée devant la concubine
triomphante ? Ne verra-t-on pas là une ciconstance
aggravante de l'adultère du mari ? Doit-on hésiter
à dire que la demande de la femme est juridiquement fondée ?

Non, évidemment non. Aussi la cour de Li-
moges nous semble-t-elle avoir commis une bien
grave erreur en décidant que lorsqu'un mari *aban-
donne* sa femme et *tient une concubine dans le nouveau domicile* qu'il s'est choisi, la femme ne peut,
sur ce seul motif, demander la séparation de corps
pour adultère.

---

(2) Demolombe; t. IV, p. 476.

La cour de Toulouse a jugé le 12 avril 1825, que si un mari et sa concubine ont acheté conjointement une maison qu'ils possèdent par indivis et où ils vivent en commun, la femme légitime peut obtenir la séparation de corps.

La cour de Lyon a jugé le 6 février 1833 que la maison du mari continuait d'être la maison commune même après l'autorisation donnée à la femme, en vertu de l'art. 878 du code de procéd., de prendre une habitation séparée. En effet c'est *provisoirement* que la femme est autorisée à se retirer dans un autre lieu. La maison du mari reste toujours en droit la maison conjugale. La femme, surtout si elle est demanderesse, n'a-t-elle pas toujours le droit d'y retourner ?

Dès que la concubine est tenue dans la maison commune, peu importe à quel titre elle y soit, domestique, institutrice, parente. Il est bien entendu que peu importe encore que la concubine soit salariée, reçoive ou non des présents du mari. Ce n'est pas la vénalité du complice que la loi a voulu punir, mais l'outrage infligé à l'épouse.

CHAPITRE II.

Section i. — *Excès*. La loi n'a pas défini, et ne devait pas définir, ce qu'elle entend par *excès*. Quand il s'agira *d'excès*, la question de fait dominera presque toujours, et le pouvoir appréciateur du magistrat devra être aussi large que possible. Nous dirons pourtant, qu'en général, les excès sont des actes graves de violence, actes pouvant compromettre l'existence de celui qui en est la victime.

Le savant professeur de l'université d'Heidelberg, M. Zachariæ (1), prétend que les excès constituent toujours, et d'une manière absolue, des causes de séparation. On peut dire en effet que lorsque les excès sont constatés, la mesure est comblée. Quand le tribunal admet l'existence des excès, cette reconnaissance de fait doit entraîner invinciblement, à notre avis, l'admission de la demande.

Section ii. — *Sévices*. Les *sévices* sont des actes de brutalité moins violents que les *excès*, mais, en

---

(1) Zachariæ; t. III, p. 354.

général, plus habituels. Les voies de fait, les mauvais traitements sont des *sévices*. Ils ne mettent pas
l'existence en danger, mais la rendent insupportable.
Les sévices ne sont pas d'ailleurs considérés plus sé-
vèrement par la loi que les simples injures graves.
Merlin dit : « Les chagrins et les peines peuvent et
doivent jusqu'à un certain point être mis sur la même
ligne que les mauvais traitements. Qu'importe en
effet qu'une femme périsse victime des effets lents
mais irrésistibles de la douleur que lui causent les
outrages continuels d'un mari qui la haït ou qu'elle
expire sous l'effort meurtrier des coups dont il l'ac-
cable (1). »

Le plus souvent, dans ces questions de séparation de corps, les magistrats remplissent, en quelque
sorte, l'office de jurés. On l'a déjà remarqué et la
remarque nous semble juste. Leur tracer d'avance
des règles d'appréciation toujours sûres est chose impossible. Il est pourtant des circonstances principales
dont un tribunal doit toujours tenir compte. Il devra
envisager le caractère du fait, ou plutôt des faits,
eu égard à la position sociale des époux, à leur
éducation, à l'état de leurs relations habituelles. L'âge
des époux doit souvent être aussi pris en considération. La publicité des faits pourra être encore une
circonstance aggravante. Les tribunaux trouveront

---

(1) Merlin ; *Rép. de jurisprudence*, verb. Sép. de corps, § 1, n° 3.

peut-être au contraire une excuse dans la provoca-
tion , etc.

SECTION III. — *Injures graves.* Les *injures gra-*
ves résultent de paroles , d'écrits ou de faits ou-
trageants , par lesquels l'un des époux attente à
l'honneur et à la considération de l'autre, et témoigne
pour lui des sentiments de haine , d'aversion ou de
mépris. Il en est de l'appréciation des injures graves
comme de l'appréciation des sévices. Ce sera presque
toujours une question de fait , pour le jugement de
laquelle les tribunaux devront prendre surtout en
considération des circonstances de fait. Le pourvoi
en cassation n'offrira presque jamais de chance pour
faire tomber leurs décisions.

M. Demolombe, d'accord avec de nombreux jurisconsultes et quantité d'arrêts, voit une injure grave
dans le reproche d'adultère, calomnieusement adressé
par le mari à sa femme, surtout, s'il est fait en
public, avec précision, avec désignation, par exemple,
d'une personne déterminée (1).

Le même auteur voit aussi, avec raison selon
nous, une cause de séparation de corps dans le
refus persévérant de la part du mari de recevoir
sa femme au domicile conjugal. Même solution en
cas de refus de la femme d'y retourner.

Le mal vénérien communiqué par l'un des époux

---

(1) Demolombe; t. IV, p. 490.

à l'autre constituera-t-il une injure grave ? Pothier ne le pensait pas (1). De la part de la femme il est bien évident qu'un tribunal pourra difficilement n'y pas voir une preuve d'adultère et un sanglant outrage envers l'époux. Mais de la part du mari bien des circonstances, ici encore, seront à considérer. Le mal est-il antérieur au mariage ? S'il est postérieur, le mari ignorait-il en être atteint ? La justice appréciera.

La cour de Paris a jugé le 15 juin 1812 que la demande en séparation de corps formulée par le mari pour cause d'adultère, communiquée au ministère public et suivie d'un jugement portant permis d'assigner constitue une injure grave, telle que l'entend l'art. 231 du code Nap. ; que par conséquent elle suffit pour autoriser la femme à provoquer la séparation de corps, même si postérieurement le mari s'est désisté ; qu'en pareil cas il n'est pas nécessaire que la femme prouve que la demande en séparation était motivée sur l'adultère si le mari a retiré du greffe la minute de sa requête ; qu'il lui suffit d'articuler que tel était le motif de sa demande si le mari, sommé de représenter la minute, refuse d'obéir à la sommation.

L'imputation d'adultère émise contre une femme dans la plaidoirie de l'avocat du mari défendeur,

---

(1) Pothier ; *Traité du Mariage* ; § 514.

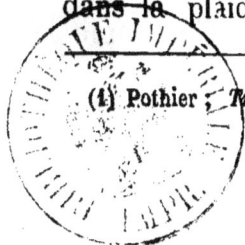

7

et non désavouée par son avoué présent à l'audience, peut-elle être considérée comme une injure grave, suffisante pour faire prononcer la séparation ? La cour de Rennes a jugé en ce sens le 21 août 1833. Cette décision peut sembler sévère, mais elle est, croyons nous, conforme à la logique des principes. Nous pensons au contraire que l'on pourrait critiquer l'arrêt par lequel la cour de Paris a décidé le 10 janvier 1852 que les expressions injurieuses et diffamatoires pour une femme, contenues dans des écritures signifiées pendant l'instance en séparation de corps et en raison de cette instance ne peuvent donner lieu à cette séparation, lorsqu'il n'est pas établi que ces expressions ont été insérées par les indications du mari et de son propre consentement. Cet arrêt nous semble oublier que l'avoué représente la partie, le mari, qu'il le représente jusqu'à preuve contraire et qu'on doit lui faire l'application du principe que le mandataire oblige son mandant.

Une curieuse espèce s'est présentée devant la cour de Rouen. Un mari, après avoir surpris à l'autorité administrative une sorte de lettre de cachet, avait fait enfermer sa femme dans un lieu de refuge pour les filles perdues. La cour de Rouen dans son arrêt du 20 avril 1824 a vu avec raison une injure grave dans le fait du mari et a prononcé la séparation de corps contre lui, en faveur de la femme si honteusement outragée.

M. Bressolles souleva en 1846 une très délicate question qu'il formula en ces termes : « Le refus que fait l'un des deux époux catholiques de procéder à la célébration religieuse du mariage, après le consentement donné devant l'officier de l'état civil, réagit-il de quelque manière sur la validité du lien civil ? » M. Bressolles conclut à la nullité du mariage dans le cas où l'épouse n'aurait pas donné son consentement, si elle eut prévu le refus. M. Bressolles reconnaît cependant que si le mariage avait été consommé il devrait être maintenu. La Revue de Législation où avait paru l'article de M. Bressolles reçut des réponses de MM. Thieriet et Marcadé.

Le savant professeur de Strasbourg refusait la séparation fondée sur une injure grave, au cas où l'un des époux ne voulait pas consentir à la célébration du mariage religieux. Il établissait fortement la distinction écrite dans nos lois entre le mariage civil et le mariage religieux. M. Thieriet terminait ainsi : « Si cette femme vient me consulter, je lui dirai : vous êtes valablement mariée selon la loi civile, mais il faut reconnaître que cette loi des hommes ne peut avoir la puissance de forcer le sanctuaire inviolable de la conscience et les convictions religieuses, c'est-à-dire la loi divine. Refusez donc hardiment de cohabiter avec un homme que vous ne pouvez pas considérer comme votre mari.

Voici alors ce qui suivra : cet homme actionnera sa femme devant les tribunaux pour la faire condamner à habiter avec lui (art. 214 du Code Nap.). Si j'étais juge je prononcerais cette condamnation, obligé par devoir d'appliquer la loi de mon pays. Mais je m'arrêterais là, car le Code Civil ne va pas plus loin et n'en exige davantage. En un mot il ne porte aucune sanction pénale et ne détermine aucun moyen particulier pour contraindre la femme à exécuter le jugement. » M. Marcardé se séparant radicalement de M. Thieriet propose d'admettre la nullité du mariage pour erreur dans la personne. Cette dernière opinion, malgré l'incontesté talent avec lequel l'a soutenu son regrettable auteur, ne nous semble pas admissible. C'est dépasser les bornes que de trouver une erreur sur la personne dans la différence des opinions des époux, de leurs opinions quelles qu'elles soient, politiques, philosophiques ou religieuses. Il n'y a là rien qui se rattache à leur individualité juridiquement appréciable.

C'est à l'opinion de M. Thiériet que nous nous rangeons. MM. Bressolles et Marcadé prononçant non pas la séparation de corps, mais la nullité du mariage, de ce lien civil qui est évidemment parfait sans le secours du lien religieux, nous semblent être allés beaucoup trop loin.

Je ne vois pas au contraire d'objection contre l'opinion de M. Thieriet qui indique à la femme un

moyen d'éviter cette vie qui est pour elle un con-
cubinage légal. M. Demolombe et après lui M. Labbé
ont vu en certains cas, dans le refus du mari une
injure grave pouvant motiver la séparation de
corps (1).

Le changement de religion de l'un des époux
ne peut en aucune manière servir de base à une
demande en séparation de corps. L'époux qui change
de religion use d'un droit enfin reconnu par nos
lois, d'un droit imprescriptible, auquel il serait immoral de renoncer à l'avance. L'autre époux ne peut
voir là une injure grave. Que deviendrait la liberté
des cultes si l'accomplissement d'un devoir de conscience devait être puni par la séparation de corps !

Par contre, nous croyons que la demande en
séparation de corps serait fondée si un mari voulait contraindre sa femme à embrasser sa croyance,
à renier ses propres convictions. Le tribunal qui prononcerait la séparation rendrait ainsi un solennel
hommage au principe même de la liberté des
cultes.

Un mari refuse de laisser baptiser ses enfants.

Cette défense constitue-t-elle, une injure grave
pour la femme ? Non, disons-nous ; elle ne serait
pas fondée à demander la séparation de corps,

---

(1) M. Bressolles; *Revue de Lég.*, 1846. — M. Thieriet et Marcadé,
ibid., même année. — Arrêt d'Angers, 8 janvier 1859. — *Journal du
Palais*, 1859, p. 250. — Demolombe, t. IV, p. 250 et suiv.

parce que ce qu'elle prétendrait être une injure grave, n'est qu'un droit, droit rigoureux, mais enfin un droit reconnu au mari par la loi ; le mari en refusant de laisser baptiser ses enfants ne fait qu'exercer la puissance paternelle dont il est revêtu.

Certains faits antérieurs au mariage peuvent-ils constituer une injure grave de nature à fonder une demande en séparation de corps ? Ainsi, par exemple, un des époux, découvrant que l'autre a subi une condamnation infamante, antérieure au mariage, formule une demande en séparation fondée sur ce motif. Cette demande doit elle être admise ? Nous répondrons affirmativement. Mais, dira-t-on, un fait antérieur au mariage ne peut servir de base à une demande en séparation ? Comment y aurait-il eu injure grave, puisqu'il n'y avait pas mariage ? — Prenez garde ! L'injure est contemporaine du mariage ; elle s'est consommée avec la célébration ; elle s'est prolongée depuis, prolongée à tout instant.

Nous pensons donc que la femme qui aurait épousé un forçat libéré sans connaître la condamnation, devrait obtenir la séparation de corps, Il est évident qu'en fait une condamnation criminelle peut être ignorée. Et pourtant quand ce fait est connu quand cette ignorance cesse, la vie commune peut devenir insupportable. Aussi ce serait un déplorable raisonnement que de dire : vous ne devez pas prononcer sa séparation de corps, car la loi n'a pas pu supposer qu'une condamnation antérieure au mariage resterait ignorée.

Un arrêt de la Cour de Paris du 4 février 1860 a tranché la question en faveur de la femme d'un forçat libéré, ignorant l'ignominie de son époux.

La même Cour avait jugé le 25 mai 1837, qu'une femme inscrite au nombre des filles publiques, qui n'a pas révélé sa triste profession, commet une injure grave qui rend le mari recevable à intenter l'action en séparation de corps. Les mêmes principes ont inspiré les deux arrêts rendus l'un en faveur de la femme, l'autre en faveur du mari. Nous les croyons parfaitement conformes à l'esprit de la loi.

L'injure peut évidemment être commise par écrit.

M. Demolombe, à ce sujet, pose deux questions qu'il importe de distinguer.

1° Une injure grave peut-elle se trouver dans une lettre adressée par l'un des conjoints à son conjoint ou à un tiers ?

2° La production en justice de cette lettre comme moyen de preuve, est elle toujours possible ?

Sur la première question l'affirmative ne parait pas contestable au savant doyen de la faculté de Caen. La loi n'exige pas en effet que l'injure ait été publique ni qu'elle ait été adressée directement à l'époux offensé. L'un des conjoints a-t-il par un outrage quelconque inspiré à l'autre un profond et légitime sentiment d'aversion ? La vie commune, en un mot, est elle encore pour lui supportable ! Voilà toute la question (1).

Nous pensons contrairement à l'opinion de plusieurs auteurs, et particulièrement de M. Massol (2), qu'une seule lettre pourrait être jugée suffisante. Nous pensons aussi que des lettres même confidentielles pourraient être considérées comme outrageantes. Le secret n'est pas nécessairement exclusif de l'outrage.

Relativement à la seconde question, la production en justice de la lettre comme moyen de preuve est-elle toujours possible ? Ecoutons encore M. Demolombe.

Il subdivise la question en deux branches :

1° L'époux demandeur en séparation, qui a les lettres en sa possession, peut-il les produire de quelque manière qu'elles soient arrivées dans ses mains, soit par accident fortuit, soit par la remise que le tiers, auquel elles ont été adressées, lui en aurait volontairemeut faite, soit même par fraude et par soustraction ?

2° S'il ne les possède pas, peut-il assigner le tiers, et demander qu'il soit tenu de les produire ou, du moins, qu'il soit interrogé sur la teneur des lettres par lui reçues ?

---

(1) Demolombe; tome IV, page 495 et suiv.

(2) Massol, page 41, n° 5.

Faut-il dans le premier cas admettre comme preuve les lettres produites, ou, au contraire, les écarter du procès ?

Faut-il dans le second cas obliger le tiers à communiquer ses lettres, ou déclarer son refus légitime ?

Il est bien évident que l'on doit tout d'abord reconnaître, avec Merlin, qu'il n'y a pas difficulté quand il s'agit de lettres adressées par l'un des conjoints à l'autre. L'époux qui les a reçues peut certainement les produire. Nul ne saurait objecter le secret des lettres au destinataire lui-même (1).

La question ne s'applique donc qu'aux lettres adressées à un tiers par l'époux défendeur.

C'était, nous l'avouons, une opinion bien arrêtée dans notre esprit, que toute lettre confidentielle est, par son essence même, incommunicable (qu'on nous passe ce mot) ! Nous avions toujours pensé que le secret des lettres est un principe que la justice ne peut méconnaître parce qu'il dérive de la nature des choses, qui ne permet pas qu'une confidence privée devienne l'objet d'une explication publique.

Notre opinion est aujourd'hui toute contraire.

Qu'il nous soit permis de citer la page, admirable de logique, qui nous a converti. « Aucun texte ne s'oppose à la production en justice d'une lettre

---

(1) Merlin. *Rép.*, tome VI, v° *Iujure*, § 4, n° 8.

missive, même par un autre que celui auquel elle
a été adresée. Il est bien clair que la loi des 10-24
août 1790 et les autres qui assurent l'inviolabilité
du secret des lettres, ne concernent que les lettres
confiées à l'administration des postes, et à ses agents,
et qui n'ont pas encore été remises au destinataire.
Aucune loi donc, je le répète, ne saurait être in-
voquée pour écarter ce genre de preuve. Aussi
loin de considérer l'art. 456 du Code d'Instr. Crim.
comme une exception fondée sur un intérêt public,
je pense au contraire qu'il faut y voir une application du droit commun. — On se récrie. Cette
lettre, adressée à un tiers, n'a pu être communiquée que par un abus de confiance que la justice
ne saurait tolérer ! — D'abord, si c'est le hasard
qui a fait tomber cette lettre entre mes mains, cette
objection n'est pas possible. Mais, je le suppose,
ce tiers a trahi votre confiance, ou bien c'est moi
qui lui ai soustrait sa lettre. Qu'en conclure ? Qu'il
y aura eu, de sa part ou de la mienne indélica-
tesse et déloyauté ; d'accord ! mais, encore une fois,
où est le texte qui, pour cette cause, autorise les
juges à repousser la preuve, vous entendez ! Cette
preuve que je mets là, sous leurs yeux ! eh ! mon
Dieu, est-ce que l'ami auquel de vive voix vous
auriez dit en confidence ce que vous avez écrit,
est-ce que cet ami n'aurait pas pu venir me le
raconter ? Et apparemment vous n'auriez pas pu le

reprocher ensuite comme témoin, parce qu'il aurait trompé votre confiance. Eh bien, donc, où est, je vous prie, la différence ? Je me trompe : il y en a une, en effet, c'est que vous avez écrit, au lieu de parler, c'est-à-dire que l'injure a été nécessairement plus froide et plus réfléchie, et qu'elle est aussi plus grave, parce que les paroles s'envolent, tandis que les écrits restent ou peuvent rester. — J'ai obtenu la lettre par ruse ! Mais n'aurai-je pas pu écouter aux portes et surprendre aussi le secret de votre haine ou de votre mépris pour moi ? Mais en vérité, le mari qui intercepte les honteuses correspondances de sa femme, n'est-il pas même dans son droit ? Mais enfin est-ce que dans tous les cas, je n'aurais pas pu exiger en justice, de ce tiers à qui vous avez écrit la production de sa lettre (1) ?

M. Demolombe nous amène ainsi à la seconde branche de notre question.

Dès que l'on pourrait faire interroger un tiers comme témoin, il est clair qu'on peut lui demander la production d'un écrit privé. Le secret qu'il aurait promis à une confidence le dispensait-il de l'obligation d'obéir à la justice ? Nous ne le pensons pas. De tout ce qui précède, nous concluons :

1° Que toute lettre, même confidentielle, adressée

---

(1) Demolombe ; tome IV, page 500 et suiv.

à un tiers par l'époux défendeur, peut être produite par l'époux demandeur, de quelque manière d'ailleurs qu'il en ait obtenu la possession ;

2° Qu'il peut, s'il ne la possède pas, en exiger la production du tiers ou le faire interroger comme témoin sur le contenu de la lettre qui ne serait point produite (1).

CHAPITRE III.

TROISIÈME CAUSE DE SÉPARATION DE CORPS : CONDAMNA-
TION DE L'UN DES ÉPOUX A UNE PEINE INFAMANTE.

Les époux sont unis par une solidarité de considératiou et d'honneur qui ne peut être méconnue par l'un sans blesser l'autre très-justement et très-gravement. L'époux qui se rend coupable d'un crime que la loi punit d'une peine infamante brise l'honneur conjugal. Il faut séparer ces deux êtres dont l'un est pur de toute souillure, dont l'autre est puni d'une peine infamante, est infâme aux yeux de la société (2).

Le Tribunal ne doit prononcer la séparation de

(1) Demolombe ; tome IV, page 502.

(2) Nous parlons en général. La loi a attaché le caractère d'infamie à des fautes très-insignifiantes, et ne l'a pas attaché à des fautes honteuses. Nous verrons plus loin quelles sont les conséquences de notre inconséquente division des peines.

corps que lorsqu'il y a eu *condamnation à une peine infamante.*

Par conséquent, si un conjoint est accusé d'un crime puni d'une peine infamante, et s'il est condamné pour ce crime, mais à une peine correctionnelle, parce que des circonstances atténuantes ont été reconnues, l'autre conjoint ne pourra demander la séparation de corps.

Par conséquent encore, il suffit qu'il y ait eu condamnation. Le droit conféré par l'art. 232 du Code Nap. subsiste malgré la grâce ou la commutation de peine. En effet la grâce dispense le condamné de sa peine. Mais elle n'efface pas l'infamie, cette infamie qui a motivé la disposition de l'art. 232. La séparation de corps peut être demandée tant que le conjoint condamné n'a pas obtenu sa réhabilitation. Les auteurs sont à peu près unanimes pour décider que la réhabilitation qui efface l'infamie détruit par cela même la cause de la séparation.

L'arrêt doit être définitif. Il faut que le délai du pourvoi en cassation soit passé, ou que ce pourvoi, s'il a eu lieu, ait été rejeté.

En cas de condamnation par contumace il faudrait que le délai de 20 ans accordé au condamné pour le représenter fût expiré.

La possibilité de la révision, qui suppose pour le même crime deux condamnations distinctes tellement inconciliables qu'elles prouvent l'innocence de l'un des condamnés, ne pourrait être un motif de suspendre l'exercice du droit de l'époux innocent. Il faut décider ainsi, même au lendemain du jour où un procès tristement célèbre, le procès de l'infortunée femme Doise, vient de donner lieu à une procédure en révision. Admettre, en effet, comme cause de suspension, la possibilité de cette révision, ce serait rayer de nos lois l'art. 232. Ne serait-ce pas aussi porter atteinte au respect dû à la justice, en la mettant, pour ainsi dire, en état de susipcion permanente?

La loi dit condamnation à une *peine infamante*. Peu importe donc que. la peine soit afflictive et infamante, ou simplement infamante.

La classification légale des peines produit ici les effets les plus bizarres et les plus injustes. Ecoutons M. Marcadé : « Pourquoi la loi attache-t-elle l'infamie à telle peine et non à telle autre? C'est ce dont il est impossible de donner une raison. Quoiqu'il en soit, au nombre des peines infamantes sont le bannissement et la dégradation civique ; l'emprisonnement, lui, n'est pas du nombre. Ainsi le voleur qui successivement et par récidive a été condamné à deux ans, cinq ans et dix ans de prison, ne serait pas infâme, et le maire qui, par application de l'art. 190 du Code pénal, serait condamné à la dégradation civique pour avoir délibéré sur le point de savoir si une loi devait être publiée

serait noté d'infamie ! Si cette théorie n'avait pas
de conséquences pratiques la loi ne serait que ri-
dicule , car il n'est pas à craindre que l'opinion
publique la suive dans de pareilles idées ; mais on
voit quels résultats de fait découleront de là : la
femme probe et délicate , dont l'époux a subi plusieurs fois la prison pour vol , sera tenue d'habiter
toujours avec lui , et la femme du maire qui a
délibéré sur la publication d'une loi pourra se séparer de corps (1) ».

Nous avons examiné les trois causes qui peuvent
seules motiver aux yeux de la loi une demande
en séparation de corps. Il n'est pas permis aux
juges d'en admettre d'autres. Donc ni les revers
de fortune , ni la démence , ni les maladies , même
contagieuses , ne peuvent être invoqués. C'est précisément quand l'un des époux est atteint dans sa
fortune ou dans sa santé qu'il a besoin de l'affection , des secours , de la société continuelle de son
conjoint.

L'absence ne peut être non plus un motif de
séparation pourvu qu'elle ne soit pas la conséquence
d'un abandon volontaire. Pour soutenir l'opinion
contraire , il faudrait argumenter de la loi de 1792
qui autorisait le divorce quand l'absence avait duré

---

(1) Marcadé, tome I; *Comm.* de l'art. 232.

cinq années. Mais le Code n'a pas reproduit cette
disposition qui est donc sans force aujourd'hui.

La loi a particulièrement déclaré que la séparation
de corps ne pouvait avoir lieu par consentement
mutuel (art. 307 Code Napol.). L'art. 233 autorisait
pourtant le divorce pour cette cause, lorsqu'il y
avait consentement mutuel et persévérant, et après
certaines épreuves. Il était possible de soumettre
également la séparation de corps à certaines conditions pour éprouver les époux. Pourquoi la loi ne
l'a-t-elle pas voulu ?

Nous répondons avec M. Demolombe que ce mode
de séparation ne pourrait être qu'inutile ou frauduleux: inutile parce que si les époux sont vrai-
ment d'accord pour trouver la vie commune insupportable, ils n'ont pas besoin de jugement pour la
faire cesser ; frauduleux parce que la séparation de
corps emportant toujours la séparation de biens, elle
aurait pu offrir ainsi aux époux un moyen facile
de tromper leurs créanciers (art. 311, 1443 Code
Nap.)

Ajoutons que la faculté et peut-être même l'espoir de se réunir plus tard, que les époux auraient
toujours conservé, auraient multiplié scandaleuse-
ment ces sortes de séparations volontaires.

Notre législation a bien fait en restreignant les
causes de la séparation de corps, en resserrant par
ce moyen les liens de la famille, en prévenant

les abus que pourraient engendrer de vaines illusions ou l'inconstance du caractère.

Terminons ce chapitre en citant quelques lignes du beau livre de M. Jules Simon, la liberté.

« Ne nous plaignons pas des rigueurs de la loi: si le mariage est bon en soi, il faut qu'il soit stable. L'état ne peut pas l'organiser comme une des institutions les plus essentielles à l'ordre, et permettre en même temps à la passion de s'en faire un jouet. On ne pourrait, sans attenter à la dignité et à la stabilité du mariage, ni aller plus loin dans les causes de séparation de corps, ni supprimer l'intervention de l'état, représentant de la morale, protecteur de l'intérêt des tiers, garant de la fortune des citoyens (1). »

---

(1) M. Jules Simon, *La Liberté,* ch. 1, p. 357.

DEUXIÈME PARTIE.

DES EFFETS DE LA SÉPARATION DE CORPS.

Nous étudierons d'abord les effets de la séparation de corps relatifs aux personnes. Viendront ensuite les effets de la séparation de corps relatifs aux aux biens.

CHAPITRE I.

EFFETS DE LA SÉPARATION DE CORPS RELATIFS AUX PERSONNES.

SECTION PREMIÈRE.

Effets de la séparation de corps relatifs à la personne des époux.

L'effet principal de la séparation de corps est de dispenser les époux de l'obligation de vivre en commun.

Elle permet à la femme d'avoir un domicile distinct de celui de son mari. Merlin argumentant de la généralité des termes de l'art. 108 du Code Nap. a soutenu l'opinion contraire. Il prétend que les personnes qui exercent leur droit par le ministère d'un tiers, doivent avoir le même domicile que ce tiers ; que, par conséquent, la femme même séparée restant toujours sous la dépendance et comme sous la tutelle de son mari, ne doit pas avoir d'autre domicile que le sien.

Dans l'ancien droit la question n'était pas douteuse et Pothier disait : « lorsqu'une femme est séparée d'habitation par un jugement qui n'est suspendu par aucun appel ni oppositions, elle peut s'établir un domicile qui lui est propre (1). »

Cependant Merlin cite l'opinion contraire du président Lamoignon. Cette opinion n'a plus guère de partisans aujourd'hui. Exiger de la femme qu'elle ait le même domicile légal que son mari, c'est l'exposer à la vengeance de son conjoint. La personne qui a besoin d'un protecteur, doit, nous dit-on, avoir le même domicile que ce protecteur. Mais alors, comment se fait-il que le mineur émancipé n'ait pas le même domicile que son curateur? La capacité de la femme séparée de corps et celle du mineur émancipé ont bien des points de ressemblance. L'exception que vous faites pour le mineur émancipé vous conduit à faire la même exception pour la femme mariée.

La séparation de corps laisse subsister les de-

---

(1) Pothier, *Traité du mariage* ; Partie VI, chap. III.

voirs essentiellement attachés à la qualité d'époux.

Ainsi les époux se doivent encore fidélité ; du moins l'adultère de la femme serait toujours punissable.

Il serait immoral que la séparation prononcée pour cause d'adultère de la femme devint pour elle une sauvegarde dans ses débordements à venir.

Quant à l'adultère du mari, il ne pourra plus être réprimé. Comment désormais tiendrait-il une concubine dans la maison conjugale, puisqu'il n'y a même plus de maison conjugale ?

Il est si vrai que la séparation de corps ne dispense pas les époux du devoir de fidélité, que jusqu'à la loi du 6 décembre 1850, la présomption de paternité inscrite dans l'art. 312 du Code Nap. conserva toute sa force et que le mari séparé de corps pouvait seulement invoquer contre l'enfant conçu après la séparation les causes ordinaires du désaveu.

Cette législation allait cependant trop loin. Car quel est le fondement de la fameuse présomption : *pater is est ?* N'est-ce pas la cohabitation des époux ? leur affection mutuelle ? la surveillance maritale qui ne permet pas à la femme de s'éloigner de son conjoint ?

Cette législation offrait en outre un danger pour les mœurs. Quoi ! Voilà une femme qui a été convaincue d'adultère, mais elle a eu soin d'avertir son mari de la naissance de l'enfant, et voilà le mari forcé légalement d'accepter cette honteuse paternité !

Une réforme fut tentée en 1816. Un projet de loi présenté à cette époque portait que la séparation de corps ferait cesser la présomption de paternité qui résultait du mariage. Le projet de loi n'eut pas de suite.

En 1834, un second projet fut soumis à la chambre des pairs. La commission nommée par la chambre des députés fit un rapport favorable, et pourtant le second projet eut le même sort que le premier.

La loi du 6 décembre 1850 apporta enfin le remède désiré.

Depuis cette loi, due à l'initiative de M. Demante, mais considérablement modifiée par un amendement présenté par MM. Valette et de Vatimesnil, le mari peut, par tous moyens, désavouer l'enfant né plus de 30.¹ jours après l'ordonnance du président, rendue aux termes de l'art. 878 du Code de procédure, et moins de 180 jours à dater du rejet définitif de la demande ou de la réconciliation. Sur l'observation de M. Valette, on regarda comme plus moral de ne pas présumer la cohabitation des époux.

C'est donc aux adversaires du mari qu'incombe la preuve qu'une réunion de fait a eu lieu entre les époux.

Après la séparation de corps les époux continuent à se devoir réciproquement des secours. Ce n'est plus sans doute en vertu de conventions matrimoniales et aux termes des art 1448 et 1537 ou 1575. Mais le devoir réciproque de secours subsiste toujours en vertu de l'art. 212. Il subsiste sans distinction entre l'époux qui a obtenu la séparation de corps et celui contre lequel elle a été prononcée. Les tribunaux devront toutefois, en fait, se montrer plus favorables à l'époux innocent qu'à celui dont les fautes ont motivé la séparation.

Les auteurs sont d'accord sur ce point, mais se divisent quant au devoir d'assistance personnelle. M. Demante enseigne d'un côté que la séparation de corps laisse subsister dans toute sa force ce devoir mutuel (1). M. Zachariæ professe au contraire que les époux séparés de corps ne se doivent plus aucune assistance personnelle (2).

Nous pensons que le but principal de la séparation de corps étant de faire cesser la vie commune, il ne doit pas être possible à l'un des époux de contraindre l'autre à venir le soigner ou à le recevoir chez lui. Nous ne croyons pas en conséquence que le Tribunal puisse priver de la pension alimentaire à laquelle il aurait droit, l'épouse qui,

---

(1) Demante, *Progr.*, t. 1, n° 282.
(2) Zachariæ, t. III, p. 371.

après la séparation, n'aura pas été auprès de son conjoint malheureux.

Reste à étudier maintenant un effet indirect que la séparation de corps produit en certains cas, la pénalité qu'elle entraine parfois pour l'épouse contre lequel elle a été prononcée.

L'art. 308 du Code Nap. est ainsi conçu : « La femme contre laquelle la séparation de corps est prononcée pour cause d'adultère sera condamnée par le même jugement et sur la réquisition du ministère public, à la réclusion dans une maison de correction, pendant un temps déterminé, qui ne pourra être moindre de trois mois, ni excéder deux années. »

Ainsi, la loi punit l'adultère. Elle le punit comme un délit, parce qu'à ses yeux il ne constitue pas seulement un tort de l'un des époux envers l'autre, de la femme envers l'époux, mais parce qu'il est aussi une atteinte à l'ordre général, un trouble dans la société.

L'adultère est donc un délit ; mais un délit d'une nature toute spéciale, dont la répression présente des particularités exceptionnelles.

Remarquons donc d'abord que l'art. 308 confère au Tribunal civil, contrairement à l'ordre ordinaire des juridictions, le droit de prononcer une peine correctionnelle.

Le Tribunal en prononçant la séparation, pour

cause d'adultère de la femme, doit, *par le même jugement*, appliquer les peines de l'emprisonnement.

Il ne peut, en aucun cas, prononcer de peines contre le complice de la femme ni contre le mari, même par le jugement qui prononcerait la séparation de corps contre lui pour cause d'adultère.

L'art. 339 du Code Pénal condamne le mari à une amende de 100 francs à 2000 francs lorsqu'il a été convaincu, sur la plainte de la femme, d'avoir entretenu une concubine dans la maison conjugale.

Il y a cette différence entre la peine édictée contre le mari et la peine édictée contre la femme, que le mari peut annuler l'effet de la condamnation prononcée contre sa femme en consentant à la reprendre, tandis que la femme ne peut décharger son mari de l'amende à laquelle il a été condamné.

Le Code Prussien offre une particularité que nous signalerons. Il distingue dans la peine, le cas où les deux coupables sont mariés, et le cas où l'un d'eux seulement a violé la foi conjugale. Dans la première, hypothèse, l'emprisonnement a une durée double de celui qui est prononcé lorsqu'une personne libre est complice de l'adultère.

L'art. 309 du Code Nap. donne au mari le droit de grâce. Il le substitue au chef de l'état dans l'exercice de ce droit. Mais il lui impose une condition, celle de reprendre sa femme. S'il n'y consent pas, il ne peut dire qu'il se contente de la séparation de corps et désire que la femme ne subisse aucune peine. Le droit de grâce lui est alors dénié.

Remarquons que le délit d'adultère, peu importe son auteur, ne peut pas être poursuivi directement et d'office, par le ministère public, devant le tribunal correctionnel. La loi n'a pas voulu que l'adultère pût être dévoilé par d'autres que par l'époux offensé. Et d'ailleurs ne peut-il pas être intéressé à cacher au public les douleurs de son foyer et ses malheurs intimes ?

Remarquons encore que l'époux offensé peut agir de deux manières.

1° Devant le tribunal civil, il peut demander la séparation de corps.

2° Devant le tribunal correctionnel, il peut sans former aucune demande de séparation porter plainte et faire condamner son conjoint à la peine méritée par son délit.

Il était nécessaire, indispensable que l'époux offensé eut à choisir entre ces deux voies.

On sait en effet que la séparation de corps entraîne toujours la séparation de biens, c'est-à-dire des conséquences qui peuvent être préjudiciables même à l'époux qui obtient la séparation de corps. Il fallait laisser cet époux libre d'apprécier ce qu'il lui conviendrait de faire.

En résumé :

1° La séparation de corps prononcée contre la

femme pour cause d'adultère , entraîne sa condamnation à trois mois de prison au moins , à deux ans au plus.

2° L'effet de cette condamnation peut être annihilé par le mari à une condition , celle de reprendre sa femme.

3° La séparation de corps pour cause d'adultère prononcée contre le mari par le tribunal civil n'entraîne pas sa condamnation à l'amende. En aucun cas le tribunal civil ne pourrait la prononcer.

4° La peine du délit d'adultère peut être appliquée par le tribunal correctionnel sans que le tribunal civil ait prononcée la séparation de corps.

SECTION II.

Effets de la séparation de corps relatifs à la personne des enfants.

Le Code Nap. renfermait pour le cas de divorce des dispositions conçues en ces termes : « Art. 302. Les enfants seront confiés à l'épouse qui a obtenu le divorce à moins que le Tribunal, sur la demande de la famille ou du ministère public , n'ordonne, pour le plus grand avantage des enfants, que tous ou quelques-uns d'entre eux , seront confiés aux soins , soit de l'autre époux , soit d'une tierce personne. »

Art. 303. « Quelle que soit la personne, à laquelle les enfants seront confiés, les père et mère conserveront respectivement le droit de surveiller l'instruction et l'éducation de leurs enfants, et seront tenus d'y contribuer à proportion de leurs facultés. »

Art. 386. « Cette jouissance (1) n'aura pas lieu au profit de celui des père et mère contre lequel le divorce aurait été prononcé. »

Ces articles évidemment rédigés dans la seule prévision du divorce, doivent-ils être appliqués, aujourd'hui, dans les cas de séparation de corps?

Plusieurs opinions ont été émises sur ce point.

Aux termes de l'art. 373 du Code Nap., le père est investi durant le mariage, à l'exclusion de la mère, de l'exercice de l'autorité paternelle; aux termes de l'art. 384, c'est encore lui qui a la jouissance des biens des enfants mineurs. Quelques auteurs ont dit : la séparation de corps ne dissout pas le mariage. Or, les art. 373 et 384 du Code Nap. sont pleinement en vigueur ; aucun texte n'en a modifié la forme et l'esprit, aucun texte n'a étendu à la séparation de corps ces dispositions spéciales au divorce; nous repoussons en conséquence tout système restrictif des droits du chef de famille.

Cette doctrine compte peu de partisans. L'intérêt des enfants, cet intérêt si grand, exige une atténuation nécessaire à la rigueur des principes.

_____

(1) L'usufruit légal du père ou de la mère sur les biens de leurs enfants.

Quant à nous, nous reconnaissons que relativement aux biens, il est évident que le père doit
en garder la jouissance et l'administration, même
quand la séparation de corps a été prononcée contre
lui. En effet, l'art 386 ne prononce une déchéance
contre lui, que pour le cas de divorce ; les motifs
sont loin d'être les mêmes, au cas de séparation
de corps.

La séparation ne cause pas aux enfants le même
tort que le divorce. Nous pensons qu'il est absolument impossible, d'appliquer, au cas de séparation
de corps les dispositions de l'art. 386.

Cette concession faite, voyons en quoi la séparation de corps modifie les droits du père. Les
auteurs se divisent quand il faut déterminer l'étendue
de cette restriction à l'autorité paternelle. M. Zachariæ pense que le père, s'il a obtenu la séparation
de corps ne peut jamais être privé de la garde de
ses enfants et que cette garde peut encore lui être
quelque fois confiée, quoique la séparation, ait été
prononcée contre lui, par la raison qu'un homme
peut être mauvais mari et cependant élever conve-
nablement ses enfants (1). MM. Aubry et Rau se
rangent à cette opinion. Ces jurisconsultes admettent
que les tribunaux peuvent, lorsque la séparation
de corps a été prononcée contre le père, confier la

---

(1) Zachariæ, t. 3, p. 312.

garde des enfants , soit à la mère , soit à une tierce personne. L'opinion de M. Demolombe , conforme à la jurisprudence constante des cours impériales et de la cour de cassation , applique , sans réserves , les art. 302 et 303 à la séparation de corps. M. Demolombe se demande pourquoi les opinions dissidentes refusent d'appliquer l'art. 302 à la séparation de corps. N'est-ce pas parce que l'art. 373 déclare que le père seul exerce l'autorité sur les enfants pendant le mariage, et que le mariage n'est pas dissous par la séparation , comme il l'était par le divorce?

L'éminent professeur, n'est pas à court d'arguments. « Remarquez dit-il, d'abord, que personne ne s'en tient purement et simplement à l'art. 372 et que tous modifient, un peu plus ou un peu moins, les droits du père sur les enfants , après la séparation prononcée; de telle sorte que ces deux opinions mixtes ne sont en réalité conformes, ni à l'art. 302, ni à l'art. 373 et que pour ne pas violer l'un de ces articles elles aboutissent finalement à les violer tous les deux (1). »

M. Demolombe fait ensuite observer avec beaucoup de raison que le divorce lui-même n'enlevait pas au père la puissance paternelle , que sa volonté par exemple, l'emportait toujours sur celle de la

---

(1) Demolombe; t. 4, 5.

mère , pour le mariage des enfants ; qu'il conservait le droit de correction ; qu'il pouvait toujours émanciper ses enfants mineurs. Ainsi l'art. 302 , ne destituait pas véritablement le père de l'autorité paternelle, puisque nous venons de voir que les attributs principaux lui en restaient. Il ne nous semble pas possible du moins, d'induire de l'art. 302 que le père a perdu ces attributs importants de la puissance paternelle. De quoi donc s'agit-il seulement dans les art. 302 et 303 ? De la garde des enfants et du point de savoir où ils seront placés. Eh ! bien, la loi s'est dit : il n'y a plus de ménage, plus de centre , plus de foyer domestique ! La présomption est que les enfants ne trouveront pas de bons exemples près de l'époux contre lequel le divorce a été prononcé ; elle a donc déclaré qu'ils seraient confiés à l'autre époux : or , ces deux motifs sont aussi tout-à-fait applicables à la séparation du corps.

La raison se refuse à croire que la loi n'ait pas songé en pareil cas , à ce que deviendront les enfants. Il y a d'autant moins d'inconvénient à appliquer l'art. 302 , que cette sage disposition laisse d'ailleurs aux magistrats le pouvoir de faire sur la demande de la famille ou du ministère public ce qu'ils jugeront le mieux pour le plus grand avantage des enfants. Ajoutez enfin que l'on reconnaît généralement que l'art. 267 est applicable à la séparation ; or , si l'on pouvait enlever, avant

même ce jugement, la garde des enfants au père,
faut-il s'étonner que la loi la lui enlève après le
jugement, s'il a été rendu contre lui, sauf aux magistrats à la lui laisser suivant les circonstances (1)?

CHAPITRE II.

EFFETS DE LA SÉPARATION DE CORPS RELATIFS AUX BIENS.

L'art. 311 détermine le principal effet de la séparation de corps relativement aux biens : « la séparation de corps emportera toujours la séparation
de biens. »

Désormais tout est fini, la communauté est dissoute ; il n'y a plus d'existence commune, de
communs efforts, il n'y a plus probablement de
communes espérances. Après la séparation de corps
il ne pouvait plus, il ne devait plus exister entre
les époux de communauté de biens.

On sait qu'il y a deux espèces de séparations
de biens ; l'une est conventionnelle, l'autre judi-
ciaire. La séparation conventionnelle règle, dans le
contrat de mariage, les intérêts pécuniaires des
époux. Nous n'avons pas à nous en occuper.

---

(1) Demolombe; t. IV, p. 618.

Les art. 311, 1441 et suiv. du Code Nap. organisent deux sortes de séparations judiciaires. L'une est accordée à la femme dans le but de sauvegarder sa dot mise en péril par la mauvaise administration du mari ; l'autre est la conséquence de l'état nouveau que fait aux époux la séparation de corps.

Elles diffèrent entre elles par plus d'un côté.

Et d'abord, la publicité qu'exigent les art. 865, 866 et 867 du Code de procédure, dans le cas de demande principale en séparation de biens, cette publicité n'est point exigée pour la demande en séparation de corps.

L'action principale en séparation de biens ne compète qu'à la femme, tandis que la demande en séparation de corps compète à chacun des époux. De plus, le droit d'intervention qui dans le cas de séparation de biens principale appartient aux créanciers du mari leur est refusé dans les instances en séparation de corps. Enfin, on sait que le jugement qui prononce la séparation de biens principale est accompagné d'une publicité bien plus grande que le jugement qui prononce la séparation de corps (art. 872, Code de procédure).

La séparation de biens résultant de la séparation de corps remonte-t-elle au jour de la demande ?

Les auteurs sont très-divisés sur ce point. Merlin, Toullier et avec eux de nombreuses décisions rendues par nos Tribunaux résolvent affirmativement la question.

Ils n'admettent pas que l'art. 1445 du Code Nap. se prête à une distinction.

Ils augmentent des termes absolus du dernier aliéna de cet article : « Le jugement qui prononce la séparation de biens remonte, quant à ses effets, au jour de la demande. »

Ces auteurs disent que l'art. 1445 applique d'une manière générale, à la séparation de biens, un principe de droit commun que commande l'intérêt de la femme. L'époux demandeur ne doit pas souffrir de l'obstination de son conjoint, des mauvaises chicanes qu'il soulève peut-être, pour faire traîner le procès en longueur, parce qu'il convoite sa part d'une succession qui lui échapperait, si la séparation était prononcée sur le champ.

M. Demolombe fait remarquer que les partisans de cette opinion sont obligés de convenir que la rétroactivité de la séparation de biens ne serait pas dans le cas qui nous occupe, opposable aux tiers.

Nous pensons avec le savant professeur que cette distinction trahit le vice du système que nous combattons. Quoi? Vous argumentez des termes absolus de l'art. 1445? Eh bien! nous aussi nous argumenterons des termes absolus de cet article, et nous vous dirons : de deux choses l'une, ou le dernier alinéa de cet article 1445 s'applique à la

9

séparation de biens incidente, ou cet alinéa ne lui est pas applicable. Si vous répondez affirmativement la rétroactivité a lieu envers tous ; et alors que devient votre système? Si vous répondez négative ment, la rétroactivité n'a lieu envers personne, et vous nous donnez gain de cause !

La place qu'occupe l'art. 1445 démontre que cet article ne s'applique qu'à la séparation de biens demandée principalement pour cause du désordre des affaires du mari. Il n'y a pas lieu d'étendre par voie d'induction et d'analogie, comme règle de droit commun, l'art. 1445 à la séparation de biens incidente. Ici encore nous nous rengeons à l'opinion de M. Demolombe, « La règle que le demandeur ne doit pas souffrir de la résistance du défendeur et doit être dès-lors mis après le jugement au même état que si le défendeur avait acquiescé dès l'origine, cette règle est fondée sur ce que le défendeur pouvait et devait acquiescer; or, précisément le défendeur à la demande en séparation, soit de biens, soit de corps, ne peut acquiescer; donc la base même de la rétroactivité manque alors complètement (1). »

Les partisans de l'opinion que nous avons combattue ont encore mis au service de leur cause un argument qu'il ne nous sera pas difficile de dé-

---

(1) Demolombe, T. 4, p. 618.

truire. M. Toullier, par exemple, voit dans notre système un danger réel pour la femme. Le mari, dit-il, va se venger sur les biens de sa femme. Deux époux qui plaident en séparation de corps sont toujours irrités l'un contre l'autre. — Mais il me semble que les articles 270 et 271 donnent à la femme demanderesse en séparation de corps le moyen de se mettre à l'abri d'une vengeance. Les moyens de garantie sont les même que ceux accordés à la femme demanderesse en divorce. « Je ne crois pas qu'on ait prétendu que le jugement qui prononçait le divorce avait un effet rétroactif au jour de la demande ; or, il me semble que la loi, n'a pas fait plus pour la femme dans le cas de séparation de corps, que dans le cas de divorce ; et je cherche en vain le texte ou le motif sur lequel M. Toullier fonde la différence qu'il parait établir, entre le divorce et la séparation de corps, quant à la dssolution de la communauté (1) ! » Et d'ailleurs à quoi bon multiplier les arguments pour et contre, sur la question de savoir si la demande en séparation de biens, incidente remonte, quant à ses effets au jour de la demande ? Ne peut-on pas répondre ! de deux choses l'une : ou la dot n'est pas en péril et alors la solution de la question est sans intérêt, ou la

---

(1) Demolombe, t. 4, p. 619. — *Contra*, Toullier, t. II, nᵒ 705 et 776.

dot est en péril et alors laissez-là vos arguments, et conseillez à la femme demanderesse ou défenderesse, en séparation de corps, de demander la séparation de biens par voie principale.

L'art. 2253 du Code Nap. décide que la prescription ne court pas entre époux. L'orateur du gouvernement, M. Bigot-Préameneux expliquait de la manière suivante la disposition de l'art. 2253 : « Quant aux époux, il ne peut y avoir de prescription entre eux. Il serait contraire à la nature de la société du mariage que les droits de chacun ne fussent pas l'un à l'égard de l'autre respectés et conservés. L'union intime qui fait leur bonheur est en même temps si nécessaire à l'harmonie de la société, que toute occasion de la troubler est écartée par la loi. » Faut-il conclure de ce qu'après la séparation l'union intime est détruite, faut-il conclure qu'alors la prescription court entre les époux? Nous ne le pensons pas. L'art. 2253 n'établit aucune distinction. Des époux séparés de corps sont encore des époux. Le mariage subsiste toujours. N'est-il pas d'ailleurs de l'intérêt de la société d'écarter tout ce qui pourrait augmenter l'irritation des époux, tout ce qui pourrait contribuer encore à les éloigner l'un de l'autre ?

L'art. 1518 du Code Nap. prononce contre l'époux qui a donné lieu à la séparation de corps la déchéance de ses droits au préciput. La loi ne le

juge pas digne de conserver les avantages que son
conjoint lui avait faits dans un contrat de mariage.
L'époux au contraire qui a obtenu la séparation de
corps, conserve le priciput stipulé à son profit, sous
la seule condition qu'il survivra à son conjoint.

L'art. 767 du Code Nap. est-il applicable à la
séparation de corps? Cet article est ainsi conçu :
« Lorsqne le défunt ne laisse ni parents au degré
successible, ni enfants naturels, les biens de sa succession appartiennent au conjoint *non divorcé* qui lui
survit. » L'art. 767 enlève-t-il à l'époux séparé
de corps le droit de succéder à son conjoint?

Nous ne le croyons pas. L'art. 767 ne pârle que
du conjoint divorcé. Il n'est ici nullement question
de l'époux séparé de corps. L'époux séparé de corps
est toujours *l'époux survivant* auquel l'art. 723
donne une vocation héréditaire.

Les art. 299 et et 300 soulèvent une discussion
bien autrement grave.

Voici le texte de ces articles :

Art. 299 : « Pour quelque cause que le divorce
ait eu lieu, hors le cas du consentement mutuel,
l'époux contre lequel le divorce aura été admis
perdra tous les avantages que l'autre époux lui avait
faits, soit par leur contrat de mariage, soit depuis
le mariage contracté »

Art. 300. « L'époux qui aura obtenu le divorce
conservera les avantages à lui faits par l'autre époux,

encore qu'ils aient été stipulés réciproques, et que la réciprocité n'ait pas lieu. »

Plusieurs systèmes sont en présence.

1° L'un veut que les donations entre époux ne soient ni révoquées de plein de droit par la séparation de corps en vertu de l'art. 299 , ni révocables en vertu de l'art. 955 pour cause d'ingratitude.

2° Un autre système n'admet pas la révocation de plein droit, mais admet la révocabilité.

3° Un troisième système applique à la séparation de corps les art. 299 et 300 et admet la révocation de plein droit. Il repousse la révocabilité.

4° Enfin un quatrième système propose tout ensemble la révocation et la révocabilité.

Premier système. Le premier système a été pendant 30 ans celui de la chambre civile de la Cour suprême. M. Dupin l'a soutenu avec la vive dialectique qui distingue son talent. MM. Merlin, Grenier, Toullier, Duranton, Demante, Coin de Lisle, Zachariæ et ses commentateurs, l'ont appuyé de l'autorité de leur opinion.

Voyons donc sur quelles raisons est fondé ce système, ennemi de la révocation et de la révocabilité.

Les art. 299 et 300, disent les auteurs que nous venons de citer, prononcent une peine contre l'époux coupable, mais rien ne dit que cette peine s'applique à la séparation de corps. Les pénalités sont de droit étroit. Il ne faut pas les étendre. Or, les art. 299 et 300 ne s'appliquent textuellement qu'au divorce. Si le législateur eut voulu que la séparation de corps fût frappée de peines semblables à celles du divorce, pourquoi donc ne s'en serait-il pas expliqué? Quand il veut étendre des pénalités de ce genre, il ne craint pas de le dire et même de le répeter. A-t-il jugé l'art. 298 suffisant pour faire prononcer la peine de la réclusion contre la femme adultère et divorcée? Non, car il l'a fait suivre de l'art. 308 qui étend cette disposition pénale à la séparation de corps. Il est vrai que l'on applique à la séparation de corps nombre de décisions relatives au divorce ; mais les articles qui les prononcent ne contiennent en général que des mesures d'administration et non des peines exorbitantes.

Les partisans du premier système font remarquer que dans le cas de divorce la révocation était nécessaire, car le mariage était dissous. Il n'était pas possible « de laisser l'époux qui avait obtenu le divorce vivre avec l'expectative que ses dons pourraient servir de dot à un second mariage et d'héritage à d'autres enfants (1). » Mais la séparation de corps, encore une fois, ne dissout point le mariage. D'ailleurs, si les donations étaient révoquées, cette révocation ne serait-elle pas un obstacle à la réconciliation future des époux ?

---

(1) Réquisitoire de M. Dupin, 23 mai 1845.

Les donations ne sont pas révoquées. Sont-elles révocables ?

Non, disent encore les partisans du premier système. Ecoutons leur raisonnement.

L'art. 959 du Code Nap. porte que les donations en faveur de mariage ne sont pas révocables pour cause d'ingratitude, Or, les donations entre époux sont évidemment des donations en faveur de mariage. C'est pour faciliter le mariage qu'elles sont faites. Souvent sans elles le mariage ne se ferait pas. Donc elles rentrent sous l'application de l'art. 959 ; donc elles ne sont pas révocables pour cause d'ingratitude.

En effet, partout les mots : *donations par contrat de mariage* s'appliquent indistinctement aux donations faites par les tiers aux époux et aux donations faites par l'un des époux à l'autre.

Prenons des exemples :

1° l'art. 1088 s'occupe textuellement des donations en faveur du mariage. Personne n'hésite pourtant à l'appliquer aux donatious entre époux.

2° L'art. 960 comprend dans la classe *des donations en faveur du mariage* les donations faites *par l'un des conjoints à l'autre,*

Merlin avait fait triompher devant la Cour suprême le système que nous venons d'exposer. De 1809 à 1845 elle jugea dans ce sens , malgré l'opposition de la plupart des cours. Enfin le 23 mai 1845, malgré l'éloquent réquisitoire du chef de son parquet, qui soutenait les anciens errements, la Cour de cassation, chambres réunies, a renversé sa vieille jurisprudence. Nous examinerons tout à l'heure la doctrine nouvelle de l'arrêt de 1845.

Deuxième système. Voici venir maintenant le système qui repoussant la révocation de plein droit admet la révocabilité.

Le principal argument des défenseurs de ce système est celui-ci : la séparation de corps telle que l'a faite le Code Nap. est le rétablissement de la séparation de corps telle qu'elle existait dans notre ancien droit. Or l'ancien droit ne reconnaissait que la révocabilité. Elle est seule admissible.

On peut citer à l'appui de cette opinion les paroles de Portalis : « Les tribunaux, disait ce grand jurisconsulte à l'époque des travaux préparatoires, demandent que la séparation de corps *soit rétablie* et marche parallèlement avec le divorce, afin de mettre à l'aise la conscience des personnes qui regardent le mariage comme indissoluble. » M. Savoie-Rollin en présentant le projet de loi disait : « Le projet de loi *rétablit* la séparation de corps, qu'il permet dans tous les cas où il y aura lieu à la demande en divorce pour cause déterminée. Ce chapitre de la loi ne donne lieu à aucune observation. »

Ainsi en rétablissant la séparation le législateur

ne faisait que restaurer une institution momenta-
nément proscrite, mais connue de tous dans son
organisation, dans son jeu, dans ses effets.

Or, dans l'ancien droit, la séparation de corps
prononcée contre l'époux auquel des donations
avaient été faites, permettaient au conjoint donateur
d'intenter contre lui une action en révocation. « Les
donations portées par contrat de mariage, dit un
vieil auteur, Bourjon, sont révocables pour cause
d'ingratitude ; il y a trois arrêts qui l'ont ainsi
jugé (1). » La doctrine et la jurisprudence s'accordaient alors pour proclamer le principe de la révocabilité.

Il est bien plus équitable de laisser aux tribunaux
le soin de prononcer la déchéance, si elle est réel-
lement méritée, que de la faire encourir de plein
droit. En ménage, il est bien difficile qu'un des
époux ait seul tous les torts. Qui sait ? L'époux
contre lequel a été prononcé finalement la séparation de corps n'aurait peut-être jamais failli s'il
n'avait été provoqué par son conjoint ! Est-il juste
alors de déclarer la déchéance *a priori* ? Nous ap-
pelons de tous nos vœux une loi, qui, remettant
aux magistrats l'appréciation des circonstances, leur
laisserait le pouvoir de prononcer ou de ne pas
prononcer la révocation.

---

(1) Bourjon, Droit commun de la France; T. II, p. 138.

La Cour de Caen a fait une application très-
remarquable du second système en décidant que
les excès peuvent être assez graves pour faire prononcer la séparation, sans avoir pourtant, sous un
autre rapport, le caractère de gravité nécessaire
pour faire prononcer la révocation des libéralités
faites à l'époux contre lequel elle est prononcée (1).

Troisième système. — Le troisième système applique à la séparation de corps les art. 299 et 300.
Cette doctrine entraîne donc la révocation de plein
droit. Cette révocation admise, il lui paraît superflu
de s'occuper de la révocabilité.

Les jurisconsultes qui soutiennent ce système
raisonnent ainsi :

La séparation de corps était aux yeux des rédacteurs du Code, le divorce des catholiques. Elle
était destiné à donner satisfaction à des scrupules de
de conscience. Le législateur a posé en principe
que dans le cas où il y aurait lieu à la demande
en divorce pour cause déterminée, il y aurait aussi
lieu de former une demande en séparation de corps.
Or les mêmes effets doivent être attachés aux mêmes
causes. La loi étant muette sur les effets de la séparation, on doit logiquement conclure qu'elle a entendu lui donnner les mêmes effets que le divorce.
A vrai dire la loi parle bien dans l'art. 308 et

_____

(1) 23 mai 1845, Lechevalier, *Rec. de Caen.* t. IX, p. 289.

dans l'art. 311 de deux effets de la séparation. Mais dans l'art. 308 il est question d'une disposition pénale et d'un droit de grâce exceptionnel accordé au mari; quant à l'art. 311, il était nécessaire parce qu'on aurait pu se demander si, le mariage subsistant toujours, la communauté devait être dissoute.

Le système de la révocation de plein droit a été consacré par l'arrêt que la Cour de Cassation chambres réunies, a rendu le 23 mai 1845. La chambre civile de la Cour suprême, qui l'avait si longtemps repoussé, l'a elle-même postérieurement adopté.

Quatrième système. — Le système de la révocation de plein droit est aussi le nôtre. Seulement nous n'admettons pas qu'il doive être exclusif du système de la révocabilité.

La révocation de plein de droit ne dérive pas de la dissolution du mariage. En effet, le divorce par consentement mutuel, qui produisait la dissolution de l'union conjugale, n'entraînait pas la révocation. En cas de divorce pour cause déterminée, la déchéance n'atteignait que l'époux contre lequel il était admis.

Quelles sont donc les causes de la déchéance que nous voulons étendre à la séparation de corps?

Ces causes sont l'ingratitude de l'époux donataire, et l'inéxécution des conditions de la donation. Or ces causes se retrouvant tout aussi bien dans la séparation de corps que dans le divorce, concluez donc que les art. 299 et 300 s'appliquent à la séparation de corps !

On a dit que la révocation n'était pas dans la pensée du législateur , parce que la révocation empêcherait le rapprochement des époux. Et pourquoi donc serait-elle un si grand obstacle au rapprochement? Nous pensons tout le contraire. Nous pensons que l'époux donataire , si la révocation a eu lieu, fera tous ses efforts pour reconquérir , l'affection de son conjoint et avec cette affection , les libéralités qu'il a perdues.

On a dit encore que l'art. 299 est une disposition pénale qui ne peut pas être étendue d'un cas à l'autre. Expliquons-nous. Si vous voyez dans l'art. 299 une peine , dans le sens propre du mot, une peine telle qu'en édicte le Code Pénal , alors vous avez raison. Ce n'est pas nous qui demanderons une large interprétation des dispositions répressives. Mais vous ne pouvez voir dans l'art. 229 qu'une simple déchéance fondée sur l'intention des parties. Toute convention est évidemment subordonnée à l'exécution des conditions sous lesquelles elle a été faite. Or la donation qu'un époux fait à son conjoint est implicitement soumise à l'accomplissement du devoir qu'impose le mariage. L'époux coupable les a méconnus. La déchéance qui le frappe n'est qu'une juste conséquence de l'inéxécution de conditions obligatoires.

Dans un pareil débat, il nous semble qu'il n'est pas tout-à-fait inutile de savoir quelle était l'opinion des rédacteurs du Code sur les effets de la séparation de corps. Eh bien! selon M. Treilhard ces effets sont *peu différents* de ceux du divorce. Selon M. Ræderer ils sont *les mêmes*, *sauf la dissolution du mariage* (1). Quoi! vous entendez dire dans les délibérations qui ont eu lieu au Conseil d'Etat, vous entendrez proclamer que les effets de la séparation sont les mêmes que ceux du divorce, et sur un point aussi important que celui que nous discutons, vous viendrez bâtir un système en opposition formelle avec la pensée des rédacteurs du Code !

L'art. 1518 du Code Nap. fournit de sérieux arguments au système de la révocation. Il est ainsi conçu : « Lorsque la dissolution de la communauté s'opère par le divorce ou par la séparation de corps, il n'y a pas lieu à la délivrance actuelle du préciput, mais l'époux qui a obtenu, soit le divorce, soit la séparation de corps, conserve ses droits au préciput en cas de survie. Si c'est la femme, la somme ou la chose qui constitue le préciput reste toujours provisoirement au mari, à la charge de donner caution. » M. Pont, qui soutient comme

---

(1) Séance du Conseil d'Etat, du 16 octobre 1801.

nous le système de la révocation, s'exprime ainsi :
« L'art 1518 exerce à notre avis une influence
décisive sur l'ensemble de la question, il se présente comme impliquant nécessairement la pensée
que la séparation et le divorce doivent produire les
mêmes effets, en ce qui concerne la révocation
des avantages matrimonaux. Certes, si le législateur a cru devoir atteindre, par la révocation, jusqu'aux conventions matrimoniales sur la communauté, dans lesquelles les époux n'ont disposé l'un
envers l'autre que d'une chose qui leur était commune, à bien plus forte raison doit-on penser qu'il
a voulu atteindre la donation que l'un des époux
aurait faite de ses propres à son conjoint, contre
lequel il a fait prononcer plus tard le divorce ou
la séparation de corps. Si l'époux coupable doit
perdre le bénéfice d'une convention à titre onéreux,
comment conserverait-il celui d'une convention purement gratuite (1) ? »

Voyons maintenant quel parti M. Demolombe
tire de ce même art. 1518.

« C'est l'art. 1518, dit le savant auteur, qui
est surtout déterminant, soit par la forme de sa rédaction, soit par le caractère même de la déchéance par laquelle il assimile la séparation de corps

---

(1) Revue de Législation, 1845, article de M. Pont,

au divorce. — *Par la rédaction* : remarquez, en effet, que l'art. 1518 ne prononce pas lui-même la déchéance du préciput contre l'époux qui a donné lieu à la séparation ; cette déchéance, il la suppose déjà virtuellement prononcée par une disposition antérieure ; or, cette disposition ne peut être que l'art. 299 ; donc il résulte de cet article 1518, que l'art 299 est applicable à la séparation comme au divorce. — *Par le caractère de la déchéance* : car si l'époux contre lequel la séparation a été prononcée, perd de plein droit le préciput, c'est-à-dire une convention de mariage plutôt encore qu'une libéralité, ne serait-il pas bien extraordinaire qu'il conservât des libéralités pures ! C'est donc *à fortiori* qu'il faut argumenter de l'art. 1518 et c'est là l'écueil où les plus habiles partisans de l'opinion contraire ont toujours échoué (1). »

Nous croyons avoir fourni assez d'arguments en faveur de la révocation. Passons maintenant à la seconde partie de notre système, et prouvons que les donations qui sont révoquées de plein droit par la séparation de corps en vertu de l'art. 299, sont aussi révocables pour cause d'ingratitude en vertu de l'art. 953.

La démonstration de la seconde proposition semble au premier abord superflue.

---

(1) Demolombe; t. 4, p. 640.

On ne comprend pas d'abord l'utilité de la révocabilité après la révocation. Il peut y avoir pourtant beaucoup d'intérêt, en certains cas, à admettre la révocabilité pour cause d'ingratitude en vertu de l'art. 953.

M. Demolombe cite deux exemples, qui seront aussi les nôtres :

1° La séparation n'a pas été demandée ; mais l'époux outragé est mort sans connaître l'ingratitude de son conjoint, ou peu de temps après l'avoir connue, ou même il est mort victime d'un attentat commis par ce conjoint criminel !

2° La séparation a été prononcée, et l'époux, contre lequel le jugement a été rendu, a encouru la déchéance des libéralités que son conjoint lui avait faites. Mais voilà que l'autre conjoint lui-même commet à son tour des actes de la plus noire ingratitude envers son conjoint. Conservera-t-il donc toujours et quand même, les libéralités qui lui ont été faites ?

Prenons un exemple : une femme demande la séparation de corps contre son mari qui l'a frappée. Les tribunaux jugent qu'il y a *sévices* et prononcent la séparation. Le mari perd les libéralités à lui faites par son épouse.

Supposez maintenant que cette femme se déshonore publiquement, qu'à la suite de ses honteux

débordements elle mette au jour des enfants adultérins..... Sa faute ne sera-t-elle pas alors plus
grave que celle du mari ? Conservera-elle pourtant
les libéralités que lui a faites son époux ! C'est impossible ! Il est impossible de consacrer une si
criante immoralité ! La séparation est prononcée
contre le mari ; l'instance est depuis longtemps
terminée ; il n'y a plus moyen de faire maintenant
prononcer la séparation contre la femme et de lui
faire perdre ainsi les libéralités qu'elle tient d'un
époux. Et pourtant elle ne peut pas les garder !
Pourquoi donc alors n'appliquerait-on pas l'art. 953 ?

Il n'y a pas de texte, il n'y a aucun motif qui,
à notre connaissance, empêche l'application de cet
article. Il y a au contraire de sérieuses raisons
morales et juridiques pour déclarer les donations
entre époux révocables en vertu de l'art. 953.

Est-il permis d'hésiter (1) ?

Reste maintenant à examiner une question subsi-
diaire, qui se lie assez intimement à la précédente.
Il s'agit de préciser l'étendue de la révocation écrite

---

(1) Marcadé, art. 311, n° 1 et 2. — Proudhon, M. Valette, *Etat des personnes*, t. 1, p. 544. — Pont, *Revue de législ.*, t. 24. — Cass. 23 mai 1845 ; concl. de M. Dupin, — Merlin, *Rép. de Jurispr.*, *Séparat. de corps*, § 4, n° 5. — Locré, *Législ. civile*, t. V, passim. Toullier, t. II, n° 781. — Zachariæ, Aubry et Rau, t. III, p. 375 et suiv. — Durantou, t. II, n° 629. — Demante, *Programme*, t. I, n° 285. — Grenier, *des Donations*, t. II, p. 404.

dans l'art, 299 du Code Nap. et de fixer le sens et la portée du mot *avantages* employé dans cet article.

La révocation affecte-t-elle les dispositions testamentaires faites au profit de l'époux qui a occasionné la séparation de corps ?

Un arrêt de la cour de Toulouse, de février 1848 a jugé en ce sens. Cette doctrine a été confirmée par un arrêt de la cour de Cassation, le 5 décembre 1849, arrêt rendu sur les conclusions conformes de M. Nicias-Gaillard.

Ce magistrat avait ainsi interprété dans son réquisitoire le mot *avantages :* « Un avantage, c'est, dans le sens le plus général, ce qui est utile, ce qui nous profite, toute chose heureuse qui nous arrive ; heureuse, ou que nous croyons telle, car souvent nous nous y trompons ! Dans la langue du droit, le mot avantage, sans perdre cette signification générale, s'entend, dans une acception moins étendue, de ce que l'on reçoit au-delà de ce qui pourrait être dû, d'une libéralité, et cela, quels que soient la personne gratifiée, le mode ou la forme de la libéralité ».

Il faut étendre aux testaments l'art. 299 que nous avons appliqué aux donations, parce que cet article se sert d'un mot général, *avantage*, mot qui signifie aussi bien testament que donation. Or les motifs sont les mêmes, dans l'un comme dans l'autre cas. On ne peut dire que la révocation de plein droit est inutile, parce que le testament est révocable à la volonté du testateur. Et cela pour deux raisons. D'abord il faudrait en dire autant des donations faites pendant le mariage. De plus il peut très-bien arriver qu'un conjoint oublie qu'il a fait un testament ou qu'il meure dans l'intention de révoquer la libéralité, mais sans l'avoir fait encore.

En résumé, les effets de la séparation de corps, en ce qui concerne les intérêts pécuniaires des époux sont, selon nous :

1° D'entraîner la séparation de biens. Cette séparation ne remonte pas au jour de la demande.

2° La perte pour l'époux coupable du préciput stipulé à son profit.

3° La révocation de plein droit des avantages (donations entre-vifs ou testamentaires), faits par l'époux qui obtient la séparation de corps au conjont contre lequel elle a été prononcée.

POSITIONS.

——

Droit Romain.

I. La dot profectice fait retour au père, même quand sa fille est morte affranchie de la puissance paternelle. *(Nec obstat L. 4, Cod., Sol matrim.)*

II. La *retentio propter liberos* pouvait avoir lieu en cas de divorce *bonâ gratiâ*.

III. La loi 43, dig., *de jure dot*, n'est pas inconciliable avec la loi 10, Dig., *de condict. data causa*.

IV. L'acceptilation admet une condition tacite.

V. Cujas se trompe en pensant que la loi Pappia avait fixé un maximum pour les dots.

Code Napoléon.

I. Le refus par le mari de laisser baptiser ses enfants ne constitue pas une injure grave.

II. Lorsque le mari et sa concubine ont acheté conjointement une maison qu'ils possèdent par indivis et où ils vivent en commun, la femme peut demander la séparation de corps fondée sur l'art. 230.

III. L'époux qui a obtenu la séparation de corps n'est pas maître de la faire cesser en notifiant à l'autre époux l'intention où il est de se réunir à lui.

IV. Est valable le legs fait à une société littéraire *pour l'aider à se constituer*, bien qu'elle ne soit pas reconnue comme établissement d'utilité publique

V. La présence d'un étranger comme témoin, dans un testament mystique, peut ne pas être une cause de nullité du testament.

VI. L'acte de suscription d'un testament mystique doit énoncer, à peine de nullité, que le testament a été présenté *clos et scellé* par le testateur au notaire et aux six témoins. Il ne suffit pas de dire que le testament a été présenté *scellé*. Ce mot n'est pas l'équivalent du mot clos.

Code Pénal.

I. Le droit de grâce conféré au mari par l'art. 308 du Code Nap. n'appartient pas à la femme, vis-à-vis de son mari condamné à l'amende pour adultère et entretien d'une concubine dans la maison commune.

II. Lorsque le mari a dénoncé à la justice l'adultère de sa femme, sans désigner le complice, le ministère public est recevable à rechercher celui-ci et à le poursuivre.

III. La résistance à un acte arbitraire ou irrégulier ne constitue pas le délit de rébellion.

IV. L'art. 463 du Code Pénal est inapplicable à la peine prononcée par l'art. 308 du Code Napoléon.

Histoire du Droit.

I. L'institution d'un jury, élu annuellement par les habitants d'une commune, et connaissant des causes civiles et criminelles des habitants, remonte à l'an 1231 pour la ville de Neufchâteau en Lorraine.

II. Jusqu'à l'époque de l'invasion Française, aucun impôt ne pouvait être levé en Lorraine sans le vote des Etats généraux, élus par la nation, et dont les assemblées étaient périodiques.

III. Les dernières traces du servage avaient disparu en Lorraine 70 ans avant la révolution de 1789.

Droit Administratif.

I. La commune est admise à prouver la force ma-majeure quant aux délits commis par des attroupements sur son territoire.

II. La loi du 10 vendimiaire an IV s'applique à la ville de Paris.

Procédure Civile.

I. La maison du mari continue d'être la maison commune, même après l'autorisation donnée à la femme en vertu de l'art. 878 du Code de Procédure Civile, de prendre une habitation séparée.

II. L'art. 878 du Code de Procédure Civile n'est pas violé par l'ordonnance qui donne à la femme *défenderesse* la faculté de quitter le domicile conjugal.

Code de Commerce.

I. L'indication de la date du paiement d'une lettre de change faite dans l'acceptation ne peut suppléer à l'omission de cette date faite dans le traité.

II. Les mots : *je paierai toutefois et quant* ne peuvent équivaloir aux mots : *je paierai à présentation.*

Droit des Gens.

I. Les tribunaux français ne sont pas compétents pour connaître d'une question de séparation de corps entre étrangers.

II. L'exercice direct et spontané de l'action devant les tribunaux étrangers rend le français non recevable à reproduire cette action devant les tribunaux français.

Vu :

Le Président de la thèse,

C. GINOULHIAC.

Vu :

Le Doyen de la Faculté,

DELPECH.

Vu et permis d'imprimer :

Le Conseiller honoraire à la Cour de Cassation,
Recteur de l'Académie de Toulouse,

J. ROCHER.